대한민국 건국 이야기
1948

대한민국 건국 이야기

1948

강규형·김용삼·남정욱·정경희 지음

기파랑

| 책머리에 |

    1895년, 한반도의 패권을 둘러싸고 벌어졌던 청일전쟁이 일본의 승리로 끝나자 독립협회는 전국적인 모금을 통해 마련한 돈으로 중국 청나라 사신을 맞이하던 영은문迎恩門을 헐고 그 자리에 독립문을 세웠다. 수천 년 된 중국의 억압에서 벗어나 '독립'의 결의를 다지려고 했던 것이다. 하지만 10년도 안 돼 한반도의 패권을 둘러싸고 러시아와 일본이 새로이 전쟁을 벌였다. 당시 러시아는 육군만 113만 5천 명에 달했고, 일본군은 총 120만 명의 대규모였다. 1905년, 러일전쟁에서 승리한 일본이 고종황제를 겁박하며 외교권을 내놓으라고 했을 때 대한제국 병력은 고작 8,842명뿐이었다. 어쩔 수 없이 고종은 주변국에 도움을 청했지만, 자기 나라를 지키기 위해서 "팔뚝 한 번 휘두르지 않은" 대한제국을 도와주는 나

라는 없었다. 1910년에는 총 한 발 쏴보지 못하고 조약을 체결하는 형식으로 나라를 일본에 내주고 말았다. 뼈아픈 망국亡國이었다.

나라는 망했지만 이 씨李氏 황실은 망하지 않았다. 어이없게도 일본 천황天皇 밑에서 '이왕李王'이라는 왕가王家를 이루고 신사神社 참배도 마다하지 않았기 때문이다. 반면에 나라 잃은 백성들은 나라를 되찾기 위해 한반도 안팎에서 자강自强을 위해 땀을 흘리고, 또 열심히 독립운동을 벌였다.

1945년 8월 15일, 태평양전쟁에서 연합국이 승리하면서 한반도는 일본의 식민통치로부터 마침내 해방解放되었다. 하지만 나라를 세워 주권을 되찾는 광복光復은 결코 쉽지도 순탄치도 않았다. 일본과 딱 엿새 싸우고 승전국이 된 소련이 한반도의 북쪽 절반을 점령하고 이를 공산화하려 했기 때문이다. 소련은 발 빠르게도 북한을 점령한 지 반년 만인 1946년 2월, 소련군 88여단 대위 출신의 김일성을 내세워 북한에 단독정부를 수립했다. 그날 "인민위원회는 우리에 정부다"라는 현수막이 내걸렸다. 이것은 북한 땅에 사실상 공산정권이 들어섰음을 보여준다.

　소련이 북한을 착착 공산화하고 있을 때, 남한에 진주한 미군의 한반도 정책은 뚜렷한 목표도 없이 '표류'를 거듭하고 있었다. 미국은 북한을 공산화하려는 소련의 속셈을 눈치채지 못하고, 소련과의 합의를 통해 한반도에 통일정부를 수립하겠다며 미·소 공동위원회를 두 차례나 여는 등, 2년 넘게 세월만 허비하다가 뒤늦게 유엔에 한국 문제를 넘겼다. 유엔은 남북한 총선거를 실시해서 한반도에 통일정부를 수립하기로 의결하고, 총선거를 감시할 유엔한국임시위원단을 파견했다. 하지만 이 건국 방안은 유엔위원단이 북한 땅에 들어가는 것을 소련과 김일성이 거부하면서 무산되고 말았다. 이는 소련이 북한 땅을 점령하고 있는 한 통일정부의 수립이 불가능하다는 것을 보여주는 사건이었다.

　이제 어쩔 수 없이 남한만으로 정부를 세워야 했다. 1948년 5월 10일로 총선거 날짜가 결정되자 좌익의 폭력 투쟁은 더욱 거세졌다. 해방 직후부터 시작된 공산당의 불법 활동은 1946년 5월 공산당이 불법화不法化되자, 북한으로부터 지령을 받고 소련의 자금 지원을 받는 폭력 투쟁으로 바뀌었다. 5·10 총선거를 저지하기 위해 좌익은 폭동·방화·살인 등을 서슴지 않았다. 제주 4·3사건은 그 대표적 사례였다. 공산주의자들의 훼방은 집요했지만 이를 모두 물리치고 1948년 8월 15일 대한민국이 수립되었다. 마침내 건국建國을 이룬 것이다.

나라가 망한 1910년부터 1945년까지가 해방을 위해 일본과 싸운 '항일抗日 투쟁'의 시기였다면, 1945년부터 1948년까지의 3년간은 나라를 세우기 위해 소련 및 국내 공산주의자들과 싸운 '반공反共 투쟁'의 시기였다. 그러므로 자유민주주의 국가 대한민국은 '항일'뿐 아니라 '반공'을 통해서 세워진 나라이다.

1948년 한반도에는 자유민주주의를 택한 대한민국, 공산주의를 택한 조선민주주의인민공화국이 나란히 들어섰다. 어느 쪽이 올바른 선택이었는지는 이미 판가름 났다. 우리 대한민국이 조선민주주의인민공화국과는 비교

할 수 없을 만큼의 자유와 번영을 누리고 있기 때문이다.

그런데 역설적이게도, 대한민국 건국을 좌익이 부정하고 나서는 까닭이 바로 여기에 있다. 대한민국과 대결하는 구도로는 도저히 승산이 없자, 아예 1948년에 세워진 대한민국은 나라가 아니고 북쪽에 세워진 것만이 나라라고 우기고 나선 것이다. 바로 이런 이유에서 대한민국은 '정부'에 불과하고 조선민주주의인민공화국이 우리 민족의 정통한 '국가'인 것처럼 고등학교 〈한국사〉 교과서에 써놓은 것이다. 초등학교 교과서도 마찬가지다. 이를 위해 문재인 정권이 출범하고 나서 초등학생들이 배우는 국정國定 〈사회〉 교과서의 내용을 집필 책임자의 도장을 몰래 찍어서 213곳이나 고쳤다. 그 가운데 가장 핵심적인 것은 '대한민국 수립'을 '대한민국 정부 수립'으로 고친 것이다. 종래의 〈사회〉 교과서는 우리나라에 대해서는 '대한민국이 수립됐다'라고 하고, 북한은 '북한 정권을 수립했다'라고 썼다. 그런데 이것을 '대한민국 정부가 수립되었다'로 고치고, 북한은 '조선민주주의인민공화국이 수립되었다'로 정반대로 고친 것이다. 요약하면 대한민국은 '정부'를 수립하고, 북한은 '국가'를 세웠다는 것이다.

한 역사학자는 우리가 1948년에 대한민국을 세운 '건국의 아버지들'에 대해 감사하는 마음을 가져야 한다고 했다. 당시 한반도와 맞붙어있던 소련과 중국이 차례로 공산화되면서 한반도가 '사회주의 혁명'에 휘말리고 있었지만, '건국의 아버지들'이 '혁명의 환상'에 빠지지 않고 자유민주주의 국가체제를 수립해놓음으로써 오늘날의 자유와 번영을 누리게 되었다는 것이다. 하지만 지금 대한민국에는 나라를 세운 사람들에 대해 감사하기는커녕 오히려 대한민국이 '나라'임을 부정하거나 '태어나지 말았어야 하는 나라'라고 하는 이들이 적지 않다. 21세기에 아직도 '사회주의 혁명'이라는 환상에 사로잡혀 '대한민국 지우기'에 앞장서는 이들이 있다는 것은 참담한 일이다.

대한민국은 '정부'에 불과하고 조선민주주의인민공화국이 우리 민족의 정통한 '국가'라고 믿는 이들에게 묻고 싶다. 당신들의 조국은 어디인가? 이승만은 소련을 조국으로 섬기는 공산분자들이 자신들을 "민주주의자"

라고 속여서 민심을 현혹하며 활동하고 있다는 사실을 일찌감치 간파했다. 그는 1945년 12월, 소련을 자신의 조국이라 부르는 사람들은 한국을 떠나 자신의 조국에 가서 그 나라를 섬기라고 일갈했다.*

이미 실패로 끝난 사회주의 실험을 우리의 조국 대한민국에서 되풀이하려는 저들의 무모한 시도를 두고 볼 수만은 없다. 비록 작은 책자이지만 1948년 대한민국 건국 전후의 역사를 담아 펴내는 까닭이다.

2019년 7월
필진을 대표하여 정경희 씀

- "공산당에 대한 나의 입장(라디오 연설)," 1945. 12. 17., 우남실록편찬회, 『우남실록, 1945-1948』, 열화당, 1976, pp. 349-351.

차례

책머리에 … 5

01 대한민국 임시정부가 갈망했던 진정한 '건국'   강규형 … 14
02 추악한 일·소중립조약과 딱 엿새 싸우고 승전국 된 소련   강규형 … 21
03 일본 대표가 지팡이를 짚은 까닭은?   정경희 … 26
04 김일성이 소련군 훈장을 가슴에 단 까닭은?   김용삼 … 32
05 해방정국을 주도한 것은 우익이 아니라 좌익이었다   김용삼 … 40
06 찬탁이냐 반탁이냐?   김용삼 … 48
07 단독정부를 먼저 수립한 것은 북한인가 남한인가?   강규형 … 56
08 정읍연설의 목적이 단정수립?   정경희 … 61
09 좌우합작을 추진한 미 군정 對 반공주의자 이승만   남정욱 … 72
10 극한으로 치달은 좌익의 투쟁   남정욱 … 76
11 이승만이 미국으로 간 까닭은?   김용삼 … 81
12 유엔한국위원단이 북한에 들어가지 못한 까닭은?   김용삼 … 89
13 김구가 변심한 까닭은?   김용삼 … 96

14 좌익의 5·10 총선거 방해공작　김용삼 … 105

15 5·10 총선거와 제주 4·3사건의 관계는?　남정욱 … 113

16 5·10 총선거에서는 친일파가 배제되었다　김용삼 … 117

17 5·10 총선거는 작대기 선거였다?　정경희 … 126

18 초대 대통령 선거 결과는?　정경희 … 136

19 앞장서 친일파를 등용한 김일성　남정욱 … 144

20 대한민국 초대 내각은 친일 내각?　남정욱 … 149

21 1948년 8월 15일, 마침내 대한민국을 세우다!　정경희 … 152

22 건국을 기념하지 않는 나라, 대한민국　정경희 … 158

23 대한민국 외교관 여권 제1호는?　김용삼 … 168

24 유엔의 대한민국 승인, 그 의미와 논란　강규형 … 177

25 사라진 북한 땅　강규형 … 184

저자소개 … 188

진정한 독립과 건국을 준비하기 위하여 대한민국 임시정부가 1941년에 제정 공포한 건국강령 전문 중 맨 앞부분. 건국강령의 전문은 1945년 12월 17일부터 「동아일보」에 연재되었다. 네이버 뉴스라이브러리 캡쳐.

01
대한민국 임시정부가 갈망했던 진정한 '건국'

대한민국 임시정부와 그 외 독립단체가 중국이나 러시아, 미주, 국내 등지에서 민족의 독립을 위해 지속적으로 노력한 공은 지대하다. 다만 국민, 영토, 주권이라는 국가의 성립요건이 없었던 점, 나아가 국제사회로부터 승인되지 못한 점을 배제하고 국가로 인정할 수 있느냐는 문제가 존재한다.

국제사회에서 국가의 조건을 자세히 규정한 준거는 몬테비데오 협약(1933년 서명, 1936년 12월 26일 발효)이다. 이 협약의 제1조는 국제법의 인격체로서 국가가 가져야 할 조건을 네 개로 정의했다. ① 상주하는 인구, ② 명확한 영토, ③ 정부, ④ 주권(다른 국가들과 관계를 맺을 수 있는 능력). 이것은 위에 언급한 국가의 3대 요소, 즉 주권·국민·영토를 더 세분화해서 규정한 것이었다. 이러한 요소들을 결여한 임시정부는 '임시'정부였지 국가가 될 수는 없었다.

그리고 임시정부 수립이 새로운 국가의 건설은 아니며 건국은 앞으로 쟁취해야 할 목표임을 가장 잘 인식한 사람들은 바로 임정 요인 자신들이었다. 1919년 이후 펼쳐진 독립운동(혹은 광복운동, 민족해방운동 등)은 바로 진정한 대한민국 수립을 위한 노력이었다. 더욱이 임시정부가 1941년 11월 28일 새 민주국가의 건설, 즉 진정한 독립과 건국을 준비하기 위한 "대한민국 건국강령大韓民國建國綱領"을 발표한 것은 온전한 국가를 세우기 위한 몸부림의 결정체였다.

"대한민국 건국강령"은 조소앙의 삼균주의(三均主義, 정치·경제·교육의 균등)를 정치이념으로 독립과 새 나라의 건국을 위한 청사진靑寫眞을 밝힌 중요문건이다. 참고로 「동아일보」는 해방 직후인 1945년 12월 17일부터 19일까지 3회에 걸쳐 '건국강령'의 내용과 해설기사를 실었다. "대한민국 임시정부에서는 4년 전에 대한민국 건국강령을 제정공포制定公佈하였는데 그 강령의 전문全文은 다음과 같다"라고 하며 1면에 1941년의 "대한민국 건국강령"을 연재했다.[1] 같은 의미에서 해방 후에 여운형과 안재홍의 주도로 설립된 건국준비위원회도 1948년 8월 28일 자에 독립국가 건설, 즉 건국의 계획을 담은 '선언'을 공포했다.[2]

1897년에 탄생한 대한제국이나 1919년에 탄생한 대한민국 임시정부는 오늘날의 대한민국 탄생에 중요한 밑거름이자 전 단계 과정이었다고 본다. 비록 여러모로 취약한 점은 있었지만, 대한제국의 의미 있는 부분, 즉 독립주권 확립, 대한민국 임시정부 수립에 반영된 민주공화제, 그리고 독립운동의 소중한 정신을 높이 평가하는 것은 이를 정신사적으로 계승한 대한민국 건국의 의

---

[1] 「동아일보」, 1948.12.17.
[2] 이 선언은 "본 준비위원회는 우리 민족을 진정한 민주주의적 정권으로 재조직하기 위한 **새 국가 건설의 준비기관**인 동시에 모든 진보적이고 민주주의적인 세력을 집결하기 위하여 각계각층에 완전히 개방된 통일기관이요, 결코 혼잡한 협동기관은 아니다"라는 것을 천명했다(굵은 글씨는 필자 강조). 선언 전문은 「매일신보」, 1945.9.3 참고.

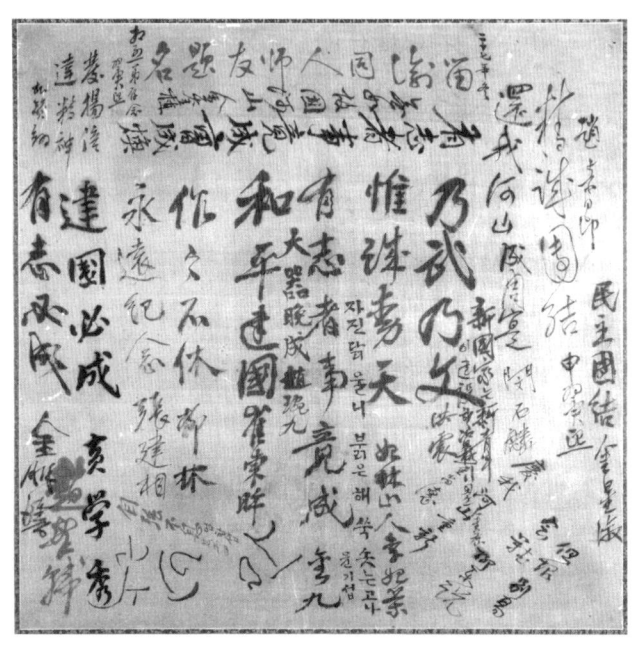

임정 요인 최동오와 황학수가 환국을 앞둔 1945년 11월 4일에 진정한 건국의 염원을 담아 쓴 '화평건국(和平建國)'과 '건국필성(建國必成)'.
독립기념관 제공.

미를 더욱 높여준다. 1919년은 3·1운동과 임시정부 수립이라는 역사적 사건을 통해 대한민국이 '잉태'된 것이기에 큰 의미를 갖는다. 대한민국이라는 국호를 정하고, 왕정복고가 아닌 민주공화정을 추구하며, 독립된 근대 국민국가를 만들자는 이상은 대한민국의 정체성을 심어 놓은 것이다. 그리고 대한민국 헌법이 명시하듯이 그 정신과 법통을 이어받아 대한민국이 수립된 것이다. 그러나 대한민국이란 나라가 수립된 것은 아니라는 점을 제일 잘 인식한 것은 바로 임정 인사들 자신들이었다.

임시정부의 이런 인식은 건국강령에 이어 1945년에도 잘 나타난다. 대한민국임시정부기념사업회(회장 김자동)와 대한민국임시정부기념관 건립추진위원회(회장 이종찬)는 2017년에 『사진으로 보는 대한민국 임시정부: 1919~1945』를 함께 편찬하였는데 이는 27년 가까이 분투한 독립운동가들의 활동을 담은 300여 장의 사진이 수록된 소중한 자료집이다.[3] 이 책에는 1945년 11월 4일 김구를 비롯한 임정 요인들이 환국을 앞두고 함께 남긴 글

---

3 대한민국임시정부기념사업회·대한민국임시정부기념관 건립추진위원회, 『사진으로 보는 대한민국 임시정부: 1919~1945』, 한울, 2017.

의 사진도 수록됐다. 여기서 최동오와 황학수는 '화평건국和平建國'과 '건국필성建國必成'을 써서 진정한 건국을 염원하는 마음을 표현했다.

02
추악한 일·소중립조약과
딱 엿새 싸우고 승전국 된 소련

    한국의 역사 교과서나 역사 서적들은 대부분 소련을 제2차 세계대전의 최대 피해자이자 연합군 승리의 최대 공헌자로 평가하고 있으며 동아시아와 한반도에 있어서도 해방군으로 묘사하고 있다. 이런 해석은 거의 성역처럼 다뤄지고 있다. 소련이 제2차 세계대전에서 가장 큰 피해를 본 나라이고 연합국 승리에 큰 공헌을 한 것은 대체로 맞다. 그러나 그것은 히틀러가 불가침조약을 어기고 소련을 공격한 이후의 일이다.

    교과서들이 생략한 앞부분을 보면 전혀 다른 이야기가 전개된다. 공산 체제의 확산에 몰두한 소련과 그 수장

Soviet-Japanese Neutrality Pact April 13, 1941

PACT OF NEUTRALITY BETWEEN UNION OF SOVIET SOCIALIST REPUBLICS AND JAPAN

The Presidium of the Supreme Soviet of the Union of Soviet Socialist Republics and His Majesty the Emperor of Japan, guided by a desire to strengthen peaceful and friendly relations between the two countries, have decided to conclude a pact on neutrality, for which purpose they have appointed as their Representatives:

The Presidium of the Supreme Soviet of the Union of Soviet Socialist Republics –

Vyacheslav Mikhailovich Molotov,
Chairman of the Council of People's Commissars
and People's Commissar of Foreign Affairs of
the Union of Soviet Socialist Republics;

His Majesty the Emperor of Japan –

Yosuke Matsuoka,
Minister of Foreign Affairs, Jusanmin,
Cavalier of the Order of the Sacred
Treasure of the First Class, and

Yoshitsugu Tatekawa,
Ambassador Extraordinary and Plenipotentiary to
the Union of Soviet Socialist Republics,
Lieutenant General, Jusanmin, Cavalier of the
Order of the Rising Sun of the First Class and
the Order of the Golden Kite of the Fourth Class,

who, after an exchange of their credentials, which were found in due and proper form, have agreed on the following:

ARTICLE ONE

Both Contracting Parties undertake to maintain peaceful and friendly relations between them and mutually respect the territorial integrity and inviolability of the other Contracting Party.

ARTICLE TWO

Should one of the Contracting Parties become the object of hostilities on the part of one or several third powers, the other Contracting Party will observe neutrality throughout the duration of the conflict.

ARTICLE THREE

The present Pact comes into force from the day of its ratification by both Contracting Parties and remains valid for five years. In case neither of the Contracting Parties denounces the Pact one year before the expiration of the term, it will be considered automatically prolonged for the next five years.

ARTICLE FOUR

The present Pact is subject to ratification as soon as possible. The instruments of ratification shall be exchanged in Tokyo, also as soon as possible.

In confirmation whereof the above-named Representatives have signed the present Pact in two copies, drawn up in the Russian and Japanese languages, and affixed thereto their seals.

Done in Moscow on April 13, 1941, which corresponds to the 13th day of the fourth month of the 16th year of Showa.

V. MOLOTOV
YOSUKE MATSUOKA
YOSHITSUGU TATEKAWA

1941년에 체결된 일·소중립조약. 예일 로스쿨 도서관 사이트에 영문으로 올려진 자료.

인 스탈린은 제2차 세계대전 직전에 나치 독일과 희대의 악마적 거래를 성사했다. 그게 바로 1939년 8월에 맺어진 독·소불가침조약, 즉 리벤트로프-몰로토프 조약이었다. 문제는 이 조약을 체결하면서 양국이 몰래 맺은 비밀 의정서였다. 독일이 폴란드의 서쪽을 갖는 대신 소련이 폴란드 동쪽을 갈라 먹고 루마니아의 베사라비아 지역 등을 추가로 차지하는 경악할 내용이었다.

제2차 세계대전은 1939년 9월 1일 독일이 폴란드를 침공하면서 시작됐지만, 교과서가 철저히 무시하는 부분은 소련도 곧이어 폴란드를 침공했다는 사실이다. 놀랍게도 유럽의 공산당들은 소련의 지시를 받고 나치 독일을 돕는 행동을 시작했다. 소련은 제2차 세계대전 발발의 철저한 공범이었다.[4]

동아시아의 경우도 마찬가지였다. 독·소불가침조약

---

[4] 그것뿐이 아니었다. 폴란드 동부를 점령한 소련은 폴란드 자립의 싹을 아예 없애기 위해 폴란드의 지식인·장교 등 사회 지도급 인사 2만 2천 명을 러시아로 끌고 가 카틴(Katyn) 숲에서 모조리 학살하는 인류 역사상 최악의 만행 중 하나를 저질렀다. 소련은 이 같은 사실을 부인하다가 스탈린이 비밀경찰에게 이 학살을 지시한 비밀문서가 1989년 공개되고, 1990년 고르바초프 당시 소련 대통령이 용기 있게 사실을 인정하면서 만천하에 진실이 공개됐다.

의 혜택을 누리던 소련은 일본과도 비슷한 타협을 이뤄냈다. 1941년 4월에 체결된 소련·일본중립조약[5]으로 일본이 아시아·태평양 전선에서 마음껏 날뛰도록 방조했다. 1941년 6월 22일 히틀러가 소련에 대한 공격을 감행하면서 소련은 어쩔 수 없이 연합국과 공조를 해야 하는 상황에 빠졌다. 그러나 아·태 전선에서는 진주만 습격(1941년 12월 7일) 이후 미국 등 다른 연합국들이 일본과 사투를 벌이는 와중에도 혼자서 일본과의 밀월을 즐겼다. 전쟁 물자를 일본에 수출하면서 이득까지 챙겼다. 미국이 히로시마에 원자탄을 투하(1945년 8월 6일)하고 승패가 결정 나자 전리품을 챙기기 위해 이틀 후인 8월 8일 재빨리 대일 참전을 선언하고 다음 날 군사작전에 돌입했다. 그동안 소련과 일본 양쪽에 이득을 주었던 일·소중립조약을 소련이 일방적으로 파기한 것이다. 소련은 한반도로 진주한 후 1945년 9월 중순, 소련 군복에 대위 계급장을 단 김일성과 그 일파를 장래의 하수인으로 쓸 목적으로 원산항을 통해 비밀리에 데리고 왔다.

---

5 일·소중립조약은 이하의 사이트에 정리되어 있는 것을 참고.
https://avalon.law.yale.edu/wwii/s1.asp

그런데 우리의 역사 교과서들은 '소련은 제2차 세계대전의 공헌자', '소련군은 해방군'이라는 거짓 프레임에 갇혀 엄청난 허구를 가르쳐 왔다. 동구 공산권이 무너지고 냉전이 종식되자 새로운 문서들과 사실들이 대거 공개되고 러시아도 이런 사실들을 인정하면서 현대사 해석은 새로운 차원으로 도약했다. 그러나 불행히도 한국 사학계는 아직도 낡은 사고체계에 머무르고 있으며 이런 사실은 전혀 가르치지 않고 있다.

1945년 9월 2일 도쿄만(灣)의 미 해군 미주리함에서 진행된 항복문서 조인식. 승전국인 연합국 각국 대표들이 지켜보는 가운데 패전국 일본 대표 시게미츠 마모루가 문서에 서명하고 있다.

03
일본 대표가
지팡이를 짚은 까닭은?

　우리 민족은 일제로부터 어떻게 해방되었는가? 북한에서는 일본의 항복을 받아낸 것은 전적으로 김일성의 업적이라고 가르친다. 항일투쟁을 벌여온 김일성이 1945년 8월 9일 조선인민혁명군에게 총공격명령을 내렸고 총공격 1주일 만에 일제가 항복했다는 것이다. 하지만 김일성이 조직했다는 조선인민혁명군은 존재한 적도 없는 군대다. 그런데도 북한은 김일성이 조선인민혁명군을 창설한 뒤 10만회가 넘는 전투를 벌여 조국을 해방시켰다고 역사책에 쓰고 있다. 말 그대로 1932년 4월부터 1945년 8월 해방 때까지 10만회가 넘는 전투를 벌였다면 김일성이 소련에 체류한 기간(1940년 하반기~1945년 9월)을 제외한 8년 동안에 하루도 쉬지 않고 매일 34회의 전투를 했다는 얘기다. 이는 인간 능력의 한계를 넘는 터무니없는 숫자다.[6]

날조된 북한의 역사와 달리, 세계사는 보통 일본의 패망을 다음과 같이 기록하고 있다. 제2차 세계대전을 일으킨 독일과 일본에 맞서 영국, 프랑스, 미국 등 연합국 군대는 치열한 전투를 벌였고 1945년 5월 독일이 먼저 항복을 선언했다. 전쟁 중에 국제사회는 카이로선언과 포츠담선언을 통해 한국의 독립을 위해 노력했다. 일본은 항전을 계속하다가 미국이 일본에 두 차례 원자폭탄을 떨어트린 후에야 항복했다. 그러므로 일본이 무조건 항복을 선언한 1945년 8월 15일은 제2차 세계대전이 끝난 날인 동시에 한반도가 일제로부터 해방된 날이기도 하다.

연합국이 승리하면서 일본으로부터 항복을 받아냈다는 사실은 1945년 9월 2일에 있었던 일본의 연합국에 대

---

[6] 서옥식, 『북한 교과서 대해부: 역사와 정치사상교육을 중심으로』, 해맞이미디어, 2015, pp. 328-330, 337-338.

한 항복문서 조인식에서 잘 드러난다. 도쿄만에 정박한 미 해군 전함 미주리함에서 거행된 이 조인식에는 맥아더 장군이 연합국 대표로, 시게미츠 마모루 외상이 히로히토 천황을 대신해서 일본 대표로 나왔다. 패전국 일본의 외상이 항복문서에 서명하고 있는 당시 사진을 보면, 일본 외상 옆쪽으로 승전국인 연합국 각국 대표들(미국, 중국, 영국, 소련, 오스트레일리아, 캐나다, 프랑스, 네덜란드, 뉴질랜드 대표)이 나란히 서있다.

연합국 가운데 소련은 미국이 히로시마에 원자폭탄을 투하한 지 이틀 후인 8월 8일에서야 일본에 선전포고했다. 연합국이 승리할 기미가 보이자 비로소 태평양전쟁에 참전한 것이다. 8월 9일 한반도로 진입해 전투를 시작한 소련군은 8월 15일에 일본이 항복을 선언하면서 딱 엿새 싸우고 승전국이 되었다. 그리고는 일본과 3년 8개월이나 싸운 미국과 나란히 항복문서 조인식에 선 것이다.

항복문서 조인식에 우리의 대표는 없었다. 대한민국 임시정부는 활발한 독립운동을 펼쳤으나 국제사회의 승인을 받지 못했다. 임시정부는 1940년 광복군을 창설했고, 일제가 태평양전쟁을 일으키자 일본에 선전포고를

1945년 9월 2일 도쿄만(灣)에 정박 중인 미 해군 미주리함에서 진행된 항복문서 조인식에 참석한 일본 대표단. 지팡이를 짚은 사람이 시게미츠 마모루 일본 외상이다.

했다. 광복군은 1945년 5월부터 미국 전략첩보국Office of Strategic Services, OSS과 함께 국내 진공進攻 작전을 준비했으나 일본의 갑작스러운 항복으로 무산되고 말았다.

그렇다고 해서 일본의 항복을 받아내는 데 우리의 기여가 없었던 것은 아니다. 당시 항복문서 조인식을 녹화한 동영상을 보면, 맥아더 장군을 비롯한 연합국 대표가 갑판 위에 나와 있고, 시게미츠 외상이 지팡이를 짚고 한 쪽 다리를 심하게 절며 갑판 위에 나타난다. 시게미츠가 지팡이를 짚게끔 만든 사람은 윤봉길 의사다. 1932년 4월 윤봉길 의사는 상하이 홍커우 공원에서 열린 천황 생일 기념식에 참석한 일본군 장성 등에게 폭탄을 던졌는데, 그 현장에 있던 상하이 주재 일본공사 시게미츠가 한쪽 다리를 잃었다. 그로부터 13년 뒤, 한쪽 다리에 의족을 한 시게미츠가 지팡이를 짚고 나타나 항복문서에 서명을 한 것이다. 이듬해인 1946년 그는 도쿄 전범戰犯 재판에서 A급 전범으로 금고 7년형을 받았다.[7]

---

[7] 상동, pp. 338-340.

김일성은 1945년 귀국 직전 하바로프스크 주둔 소련군 88여단에서 적기훈장을 받았다. 사진은 귀국 후 사복으로 갈아입은 김일성(가운데)이 미하일 강(왼쪽), 메클레르(오른쪽)와 촬영한 것이다.

04
김일성이 소련군 훈장을 가슴에 단 까닭은?

1945년 9월 19일 오전 11시, 트롤어선을 개조하여 만든 소련 군함 푸가초프호(號)가 원산항에 입항했다. 그 전날 블라디보스토크항을 출발한 푸가초프호에는 하바로프스크에 주둔했던 소련군 88특별정찰여단 소속의 대위 김일성(김성주)을 비롯하여 88여단 소속의 한인과 소련 국적의 고려인 2·3세 등 80여 명이 승선해 있었다.

제2차 세계대전 당시 미국은 '랜드 리스(lend lease)'라는 법령에 따라 다양한 군사기술을 소련에 제공했는데 그 가운데 극동 선박국은 18세기 러시아의 푸가초프[8]라는 인물의 이름을 딴 트롤선을 미국으로부터 제공받았다.

김일성 일행은 이 푸가초프호를 이용하여 원산항까지 이동한 것이다.

김일성의 가슴에는 '적기훈장'이 달려 있었다. 이 훈장은 1945년 8월 28일, 소련군 제2극동방면군 사령관 푸르카에프의 명령으로 88여단 소속원들을 북한으로 귀국시키기 전에 수여한 것인데, 김일성은 대원들 중 가장 급이 높은 '적기훈장'을 받았다. 훈장 수여자 명단에는 김일성이 아니라 진지첸(김일성의 한문 명칭) 대위로 기록되어 있었다.[9]

『스탈린과 김일성』의 저자 가브릴 코로트코프는 원산항에 상륙한 88여단 소속의 한인과 소련 국적의 고려인 2·3세들은 모두 "소련 공산당의 일원이었으며 공산주의 사상을 신봉했고, 그들 모두는 '스탈린 둥지의 새들'이며, 세계 공산주의 혁명을 위해서는 어디서, 누구와 어떤 방법으로든 기꺼이 싸울 준비가 되어 있었다"라고 기록하고 있다.[10]

---

8 스스로 표토르 3세를 참칭하여 농민반란을 일으켰다가 여제 예카테리나 2세의 명에 따라 모스크바 붉은 광장에서 사형당한 인물.
9 김국후, 『평양의 소련군정』, 한울아카데미, 2011, p. 70.

흥미로운 것은 김성주가 입북하기 보름 전인 1945년 9월 초, 스탈린이 김성주를 비밀리에 모스크바로 불러 크렘린궁 별장에서 단독으로 면접을 본 후 그를 북한의 최고 지도자 후보로 낙점하여 평양에 보냈다는 사실이다. 이 내용은 당시 소련군 극동군 총사령관 바실레프스키 원수의 부관이었던 코바렌코의 증언에 의해 밝혀졌다.

코바렌코의 증언에 의하면 김일성은 9월 초 하바로프스크 군용비행장에서 수송기를 타고 모스크바로 날아갔다. 스탈린은 김성주와 4시간 동안 대좌하여 스탈린주의를 설파하고 여러 질문을 통해 지도자가 될 수 있는지를 탐색한 후 즉석에서 "이 사람이 좋다. 앞으로 열심히 해서 북조선을 잘 이끌어가라. 소련군은 이 사람에게 적극 협력하라"라는 지령을 내렸다.[11]

33세의 소련군 대위 김일성은 배에서 내리고는 환영을 나온 인사들과 악수하며 자신을 '김성주'라고 소개했다. 김일성 일행이 평양에 도착한 것은 9월 22일이었다.

---

10 가브릴 코로트코프, 이건주 역, 『스탈린과 김일성 1·2』, 동아일보사, 1992, p. 188.
11 스탈린의 김성주 면접 관련 내용은 김국후, 2011, pp. 72-73.

김일성은 소련군정 사령부에 귀국 신고를 하러 갔다. 김일성이 소련 군복에 대위 계급장을 달고 평양의 소련군정 사령부에 나타나자 레베데프 소장은 "인민에게 거부감을 줄 수 있으니 계급장을 즉시 떼라"라고 지시했다.

북한 역사에는 "김일성 장군이 위대한 쏘련 군대와 함께 조선해방전쟁에 참전했다", 혹은 "위대한 김일성 장군께서 쏘련 군대의 북조선 진주와 함께 협동작전을 하며 개선을 했다"라고 기록하고 있는데, 이것은 완전한 허구다. 김일성이 소속되어 있던 소련군 88여단은 일본군과의 전쟁에서 총 한 방 쏠 기회가 없었다. 때문에 오매불망 일본과의 전투를 원했던 김일성은 평양 주둔 제25군 정치사령관 레베데프 소장에게 도착 신고를 한 후 이런 요구를 했다.

"장군님, 부탁이 하나 있습니다. 우리 빨치산 부대도 일본과의 해방전쟁에 참전한 것으로 해주십시오. 우리는 여러 번 이 전쟁에 참전할 수 있도록 하바로프스크 사령부에 건의했으나 번번이 좌절됐습니다."

이 요구에 대해 레베데프는 다음과 같이 답했다.

"그게 무슨 말인가? 조선을 해방시킨 것은 제25군과 태평양함대뿐이다. 88여단 빨치산부대의 단 한 명도 대일전에 참전하지 않았고 총 한 번 쏘지 않았다. 절대로 역사를 바꿀 수 없다."[12]

평양에는 제1극동전선 제7호 정치국의 메크레르 중좌, 미하일 강 소좌(고려인 2세) 등 훈련된 정치장교들이 선발대로 와 있었다. 평양 주둔 제25군 사령부는 제1극동전선 사령부 지시에 따라 김일성에게 일본 고위 관리가 사용했던 자동차와 주택을 제공했고, 김일성을 평안남도 위수사령부 부사령관에 임명했다.

김일성은 소련군 제복에 채양 없는 푸른색 전투모를 착용, 병사용 장화를 신고 88여단에서 받은 적기훈장을 가슴에 달고 있었다. 소련군정 사령부의 특수선동부장 코비첸코는 김일성에게 군복을 벗고 사복으로 갈아입을 것, 가슴에 달고 다니던 적기훈장을 떼어낼 것을 지시했다. 소련이 북한에 침투시켰던 공작원 출신 박정애와

---

12 상동, p. 77.

김용범은 두 벌의 신사복을 구해다가 김일성에게 입혔다.[13]

스탈린은 평양의 소비에트 지도부에서 빠른 시일 내에 이른바 '사회주의 진영'이라고 불리는 세계적 제국의 건설 프로그램 속에 이미 그 자리가 마련되어 있는 지도자를 창조할 것을 요구했다.[14] 이 명령에 의해 소련군정 사령부 첩보국과 특수선동부는 김일성의 출생지에서부터 가족 사항, 학력, 성분, 중국공산당 입당과 활동사항, 빨치산 운동 등 그에 대한 일체의 신상을 조사했다.

소련군정은 그의 본명이 김성주였고, 만주 지방에서 항일 빨치산 운동을 벌인 것은 사실이지만 혁혁한 공을 세웠는지에 대해서는 근거를 찾지 못했다. 그리고 진짜 항일 빨치산 운동에 공을 세운 또 다른 '김일성 장군'이 있다는 풍문이 조선 인민들에게 널리 퍼진 가운데 조선 인민들은 해방된 조국에 그 장군이 개선하기를 기다리고 있음을 알게 되었다.

소련군정에서 일했던 박길용의 회고에 의하면 두뇌

---

13 박길용·김국후, 『김일성 외교비사』, 중앙일보사, 1994, p. 23.
14 가브릴 코로트코프, 1992, p. 218.

회전이 빠른 정치사령부의 젊은 장교들은 바로 여기서 '미래의 수령' 만들기 작전을 찾아야 한다고 지도부에 건의했다.

    이 아이디어는 핵심지도부를 놀라게 했다. 훗날 북조선 민주기지 건설의 총지휘자 스티코프 장군도 이 아이디어는 '조선의 민주기지 깃발'이라고 칭찬을 아끼지 않았다. 이렇게 하여 소련군은 김일성(김성주)을 조선 인민들 속에서 '전설의 영웅'으로 불리던 진짜 김일성 장군으로 둔갑시켜 북조선의 수령에 오르게 만들었다.[15]

---

15 박길용·김국후, 1994, p. 25.

여운형은 조선총독부로부터 정권을 이양받는 조건으로 감옥에 갇혀 있는 사상범 1만 명의 석방을 요구했다. 이들이 일시에 풀려나면서 해방 직후 남한 사회는 좌익 천지로 변했다.

05
해방정국을 주도한 것은 우익이 아니라 좌익이었다

해방공간에서 좌익들은 조선공산당(후신 남로당), 조선노동조합전국평의회(전평 全#), 농민동맹, 학생동맹, 부녀동맹, 민주애국청년동맹(민애청, 혹은 민청), 학병동맹 같은 단체들을 설립했다.

그들은 연합하여 민주주의민족전선(민전)을 형성했는데, 가입자는 150만 명이라고 주장했다. 가히 남한 내 최대의 조직이었다. 좌익 가운데에는 지식인들이 많았기 때문에 실제 영향력은 더욱 컸다.

그중에서도 강한 활동력을 가지고 있던 노동조직인 전평은 1946년 2월 좌익 노동자들이 만든 거대한 노동단체다. 위원장 허성택은 동경제국대학과 모스크바 공산대학을 나온 거물 공산주의자였다. 후에 그는 좌익 3당을 통합한 남로당의 당수에 올랐고, 월북하여 북한의 초대 노동부 장관에 임명되었다.

이에 비해 우익 진영은 숫자도 적었고 조직도 산만했다. 그나마 단결력과 투쟁성을 가진 우익 대중조직은 사실상 서북청년회뿐이었다. 서울의 서북청년회 중앙총본부는 경찰과 지방의 우익들을 돕기 위해 지방으로 수십 명, 때로는 수백 명의 대원을 파견했다. 지방에 내려간 서북청년회 대원들은 국민회, 농민회 등의 우익단체 지부들과 협력하여 좌익과 맞서 싸웠다.[16]

해방공간의 사상 지형을 엿볼 수 있는 자료가 있다. 1946년 8월 미 군정청 여론국은 일반 시민 8,453명을 상대로 미 군정에 대한 만족도와 정치체제 선호도에 대한 여론조사를 실시했다. 이 여론조사에서 체제 선호도를 묻는 질문에 "사회주의 체제를 선호한다"라는 답변이 70%, "공산주의를 지지한다" 7%, "모른다"가 8%였다.

---

16 이주영, 『서북청년회』, 백년동안, 2015, p. 62.

사회주의·공산주의 선호도가 무려 77%에 달했다.

해방공간에서 이처럼 사회주의·공산주의를 압도적으로 지지하는 분위기가 만들어진 이유는 좌익인 여운형이 조선총독부로부터 정권을 이양 받았기 때문이다. 1945년 8월 15일 여운형은 정권을 이양 받는 조건으로 엔도 류사쿠遠藤柳作 정무총감에게 다음과 같은 5가지 사항을 요구했다.[17]

① 전 조선 각지에 구속되어 있는 정치·경제범을 즉시 해산하라(석방하라는 뜻—필자 주).
② 집단 생활인 만치 식량이 제1 문제이니 8·9·10, 3개월 식량을 확보·명도하여 달라.
③ 치안 유지와 건설 사업에 있어 아무 구속과 간섭을 하지 말라.
④ 조선 내 민족 행위의 모든 추진력이 되는 학생 훈련과 청년조직에 대하여 간섭하지 말라.
⑤ 전 조선 각 사업장에 있는 노무자를 우리의 건설 사

---

[17] 「매일신보」, 1945년 8월 17일.

업에 협력시키며 아무 괴로움을 주지 말라.

엔도 정무총감은 여운형의 5가지 요구 조건을 수용했는데, 이로써 중대한 문제가 발생하게 된다. 여운형은 수많은 조치 중에 가장 우선적으로 정치·경제범 석방을 요구, 일제하에서 체포·수감되었던 다수의 공산주의자들이 일시에 석방됨으로써 한국 사회가 좌파로 넘어가는 결정적인 계기가 된 것이다.

만약 우익 진영에서 조선총독부의 요청에 따라 각급 자치위원회를 조직하여 치안을 유지하다가 미군에게 넘겨주었다면 공산주의가 깊은 뿌리를 내리지는 못했을 가능성이 높다.

여운형의 정치범 석방 요구에 대해 엔도 정무총감은 "연합군이 올 때까지 기다려야 한다"라고 거부했으나 여운형의 강력한 압박에 밀려 관철되었다.

다음 날인 8월 16일 오전 9시, 서대문형무소에서 공산주의자 핵심 인물인 이강국과 최용달의 입회 아래 정치범 석방이 이루어졌다.[18] 민전이 펴낸 『조선 해방 일년사』에는 당시 사상범의 석방 관련 장면을 다음과 같이 기록하고 있다.

> "경성을 비롯하여 각지의 옥문이 열리고, 유치장과 감옥에서 신음하던 혁명투사는 경성으로 운집하였다. 각 도 각 군에 잠복하였던 무산운동의 투사들은 인민대중을 일으키고 조직하여 적의 일절기관을 점령하였다. (중략) 무장봉기로써 각자 지방의 자위와 자주를 확보하게 되었다."[19]

8월 16일, 여운형의 강력한 압박이 관철되어 감옥에서 풀려난 사상범들은 여운형의 건국준비위원회(건준)와 공산당에 대거 흡수되었고, 이들은 해방정국에서 행동대가 되었다. 당시 일거에 교도소에서 풀려난 사상범의 숫자는 대략 1만여 명이었다. 이들이 남한 각지의 교도소에서 석방되면서 남한 사회는 순식간에 좌익으로 기울어지게 되었다.[20]

또 한 가지 해방 직후 좌익들이 주도권을 쥐게 된 이

---

18 이만규, 『여운형선생 투쟁사』, 민주문화사, 1946, p. 191.
19 민주주의민족전선, 『조선 해방 일년사』, 문우인서관, 1946, pp. 80-81.

유는 여운형이 두 번째로 요구한 식량 배급권과 치안권, 그리고 언론사를 장악할 수 있는 권한이었다. 여운형은 총독부로부터 언론사 장악 권한을 부여받자마자 「매일신보」를 접수했으며, 경성방송국을 통해 건준을 전국에 알리기 시작했다.

사상범의 석방으로 대거 강화된 좌익세력은 식량과 언론을 장악하여 강력한 영향력을 행사하기 시작했다. 좌익들은 일본 제국주의뿐만 아니라 자본주의 체제 자체를 부정하고, 노동자와 농민이 주도하는 인민정권을 세우려는 사람들로서 오랫동안 공산당(코민테른)의 지도와 후원을 받아왔다. 이들의 숫자는 많지 않았지만 잘 조직화되었고 강한 추진력을 갖고 있었다.[21]

여운형의 조선총독부로부터의 정권 이양은 좌익이 해방 이후 남한 사회의 주도권을 잡는 데 있어 결정적인 이유가 되었고, 한국의 민주주의와 민족주의 세력은 큰

---

20 그레고리 핸더슨, 박행웅·이종삼 역, 『소용돌이의 한국정치』, 한울, 2000, p. 229.
21 박명수, 『건국투쟁: 민주공화국인가, 인민공화국인가?』, 백년동안, 2015, p. 17.

어려움에 빠지게 된다. 이런 이유 때문에, 즉 당시의 시대적 상황으로 볼 때, 공산주의를 용납하거나 사회주의·공산주의 체제의 국가가 세워지는 것이 순리였다는 식의 주장이 난무하고 있으며 좌파들은 반공은 부당한 것이라고 주장한다.

모스크바 삼상회의에서 신탁통치 결정이 내려지자 우익 진영은 일제히 반탁 운동에 돌입한 반면(왼쪽), 소련의 지령을 받은 좌익·공산당 진영은 찬탁(오른쪽)을 들고 나와 사회를 분열시켰다. 좌익들은 '신탁통치'란 용어를 의도적으로 숨기고, '삼상결정(三相決定)'이라고 용어혼란전술을 구사했다.

좌측 사진 국가기록원 소장·제공.

06
찬탁이냐 반탁이냐?

　1945년 12월 28일, 모스크바에서 열린 미국, 영국, 소련 3국 외상회의에서 한국은 5년을 기한으로 미·소·영·중 4개국의 신탁통치를 받아야 한다는 결정이 내려졌다. 이 소식이 외신을 타고 전해지면서 한반도에서는 반탁운동이라는 폭발적인 상황이 연출됐다.

　12월 29일, 경교장에서 열린 각 정당 사회단체 대표자 대회에서 이승만과 김구를 중심으로 신탁통치 반대 국민총동원위원회가 결성됐고, 76명의 중앙위원과 21명의 상임위원이 선출됐다.

　흥미로운 것은 신탁통치 반대 국민총동원위원회의

상임위원에 박헌영도 동참했다는 사실이다. 남한의 공산진영과 38선 이북 공산진영도 마찬가지였다. 외신을 타고 날아든 신탁통치 결정에 공산당 간부들도 "절대 반대" 의견을 폭발적으로 분출했다.

서울의 조선공산당 간부 정태식 등은 "조선에 대한 신탁통치가 사실이라면 우리는 절대 반대한다. 5년은커녕 다섯 달이라도 반대한다"라고 입장을 밝혔다.

공산당도 남한의 모든 정당 사회단체들과 함께 신탁통치 반대에 나섰고, 1946년 1월 3일에는 공산진영 주관하에 반탁 시민대회를 열기로 만반의 준비를 하고 있었다. 12월 29일부터 전국에서 대규모 반탁 집회와 시위가 벌어져 12월 31일에 절정을 이루었다. 서울의 상가는 철시했고 요식업소나 극장, 댄스홀까지 항의 휴업에 동참했다. 미 군정 기관에 근무하던 한국인은 집단 사표를 제출하여 미 군정에 협력을 거부하는 운동을 전개했다.

반탁 분위기는 38선 이북에서도 뜨겁게 일었다. 평양 시내 곳곳에는 "신탁통치는 조선해방을 무無로 돌리는 것이다", "신탁통치는 조선에 대한 사형선고다" 등등의 벽보가 나붙었다. 그러나 김일성은 신탁통치와 관련하여 기이한 침묵을 지켰다. 소련군정의 지시를 받고 있는 김일성 입장에서 그의 직속상관인 로마넨코 소장이 아직 입장 정리를 하지 않았기 때문이다.

로마넨코가 입장을 내놓지 않은 이유는 크렘린의 당 중앙으로부터의 지령이 오지 않았기 때문이다. 로마넨코와 서울의 소련영사관[22] 총영사 프리얀스키가 직접 모스크바로 날아가 스탈린으로부터 "모스크바 협정을 적극 지지하라(즉 신탁통치 찬성)"라는 지시를 받고 평양으로 귀임했다.

박헌영은 1945년 12월 28일 밤, 일행 5명과 함께 비밀리에 38선을 넘어 29일 오후 평양에 도착했다. 로마넨코는 박헌영, 김일성과 만나 "후견제는 신탁통치와는 근본적으로 다르다"면서 "모스크바 협정을 지지하라"라는 모스크바 당 중앙의 지령을 통보했다. 조선공산당과 북조선분국은 1946년 1월 2일 찬탁 입장을 밝히고, 이어 단체별로 군중집회를 열어 진정서를 내기로 했다. 또 조선공산당이 주도하여 반탁 진영을 분열시키고 삼상회의

---

22 서울에 있던 소련영사관은 1946년 7월, 미·소 공동위원회가 결렬되면서 철수했다.

결정에 대한 지지 여론을 확산시켜 반탁 진영을 고립시 킨다는 방침도 채택했다.[23]

기이한 침묵을 이어가던 김일성은 갑자기 "모스크바 3국 외상회의 결정을 적극 지지한다"라고 선언했다. 그뿐만 아니라 모스크바 협정에서 발표된 신탁통치(영어 Trusteeship)의 러시아어인 'Opeka'를 후견제(원뜻은 후견, 보호, 감독)로 번역하여 "이것이야말로 소련이 조선인민에게 베푸는 고귀한 원조"라고 강변했다.[24]

북한 주둔 소련군정 사령부로부터 "모스크바 협정 지지" 지령을 받은 박헌영은 1월 2일 새벽 서울에 도착하여 그날 오전 찬탁 성명을 발표했다. 좌익들이 준비했던 1월 3일 반탁 시위는 하룻밤 사이에 찬탁 시위로 돌변했다.

좌익 진영이 하룻밤 사이에 찬탁으로 돌아서면서 신탁통치 문제를 둘러싸고 좌우익이 사생결단 양상을 보이기 시작했다. 좌익들의 찬탁 돌변은 거족적으로 반탁의 함성이 터져 나오는 민심의 흐름을 정면에서 거스르

---

23 중앙일보 특별취재반, 『비록(祕錄) 조선민주주의인민공화국』, 중앙일보사, 1992, pp. 188-191.
24 하기와라 료(萩原遼), 최태순 역, 『한국전쟁』, (주)한국논단, 1995, p. 87.

는 행위였고, 결국 좌우 격돌을 통한 남북 분단의 도화선 역할을 하게 된다.

당시 남북한 공히 반탁 의견이 들끓고 있었던 점을 감안하여 소련과 김일성은 용어혼란전술을 구사했다. 즉, '신탁통치'란 용어를 지워버리고 이름도 생소한 '후견제'라는 용어를 등장시켰고, '찬탁'이라는 말 대신 '모스크바 결정 지지'라는 용어를 퍼프렸다.

신탁통치 반대 기운은 소련의 예상보다 훨씬 강력했다. 그러나 공산주의자들은 오히려 이것을 반겼다. 공산 측이 찬탁을 앞세우면 결정적으로 민족 분열이 심각해짐을 의미하는 것이기 때문이었다. 공산주의란 어느 나라를 침략하는 과정에서 항상 민족 분열의 틈바구니에서 음습하게 자라나 세를 확장하여 권력을 탈취하는 습성이 있다.

소련 측은 신탁통치를 둘러싼 분열은 자신들에게 절대적으로 유리하다고 계산했다. 반탁운동이 가열되면 반탁 진영을 고립시키고 어떻게 하든 '모스크바 결정 지지 세력'을 단결시켜 용공적 임시정부를 출범시킬 수 있을 것이었다. 임시든 뭐든 정부가 실현되면 그것을 공산당 판으로 뒤집는 것은 식은 죽 먹기나 다름없다고 판단했다.

공산당은 이런 계산하에 "모스크바 결정 지지자들을 한 사람이라도 더 획득하라"라는 구호를 앞세워 선전 선동을 강화해 나갔다. 그 결과 모스크바 삼상회의는 한민족을 반탁 진영과 찬탁 진영으로 양분했다. 이 와중에 한 사람이라도 더 찬탁 세력을 확보하는 것은 공산진영의 강화를 뜻했다.

소련군정과 공산당은 북한에서만은 모든 정당 사회단체와 지도자들이 한 사람도 빼놓지 않고 찬탁을 지지하도록 부추겼다. 이것이 스탈린의 특별 지시였다. 그들은 만장일치의 지지를 끌어내기 위해 주민들을 총동원하여 찬탁 시위를 조직하는 등 총력전을 벌였다. 이것이 북한에서 상습적으로 자행된 군중 동원의 첫 시작이다.

찬탁과 반탁은 남북의 국토 양단, 좌우익으로의 민족 분열로 이어졌다. 당시에 이승만, 김구를 중심으로 한 민족진영이 반탁운동을 집요하게 추진하지 않았다면, 남한마저 공산화됐을 가능성이 높다.

북한에서는 공산당의 총동원령에 의해 1946년 1월

2일 조선공산당 북조선분국, 조선독립동맹, 조선노동조합 전국평의회 북부조선총국 등 5개 단체가 삼상회의 결정 지지 공동성명을 발표했다. 다음날에는 북조선 10행정국장 회의에서 삼상회의 결정 지지 성명을 발표했다. 1월 8일에는 민주청년동맹 지방 열성자협의회가 삼상회의 결정 반대자를 '반동분자'로 규정했으며, 민주주의 조선 임시정부에 반민주주의적[25] 정당 사회단체를 절대 참가시키지 말 것을 주장했다.[26]

이어서 제정당 사회단체의 공동 지지 성명이 나왔다. 이 성명에는 공산당 이하 농민동맹, 여성동맹 등 공산 외곽단체들이 빠짐없이 서명했다. 여기에 서명한 단체들은 며칠 전 반탁 성명을 발표하고 자신들의 반탁 의지를 동네방네 벽보에 써 붙였던 존재들이었다. 북한에서 반탁에 나섰던 민족주의 계열은 조만식의 연금으로 구심점을 잃고 동력을 상실하게 되어 대부분 월남했다.

---

[25] 공산주의자들은 '민주주의'를 앞세워 용어혼란전술을 구사하는데 이들이 말하는 민주주의의 '민(民)'의 주체는 무산 노동자 계급에 한하며 민주주의도 결국 공산주의를 뜻하는 것이다.

[26] 김성보, 『북한의 역사 1: 건국과 인민민주주의 경험 1945~1960』, 역사비평사, 2014, p. 62.

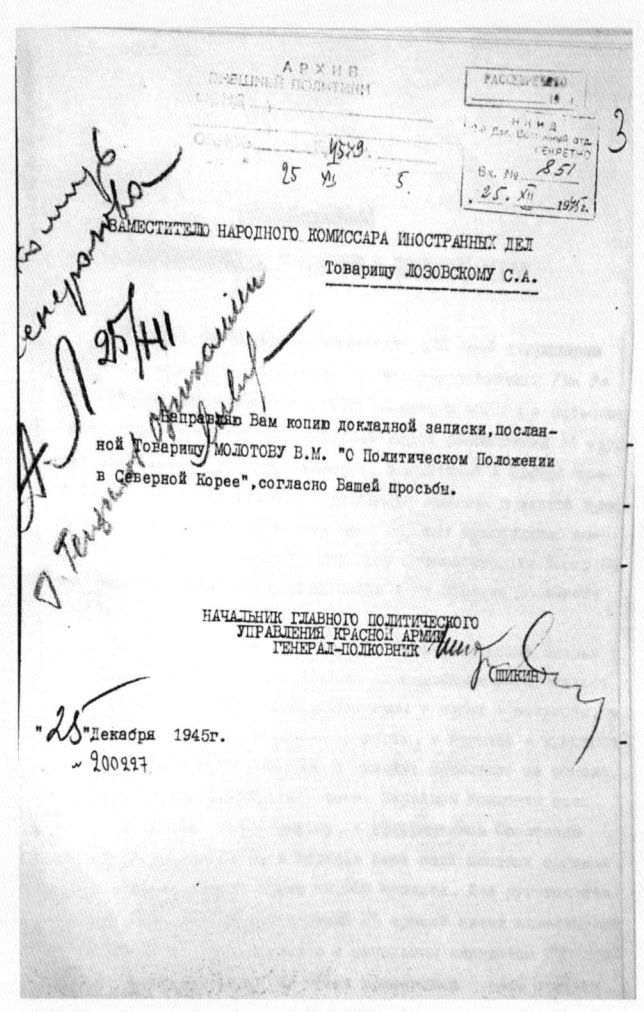

쉬킨 보고서 표지(첫 페이지) 원본 1945년 12월.
РГАНИ, ф 013, оп. 7, п. 4, д. 46, лл. 3-13

07
단독정부를 먼저 수립한 것은 북한인가 남한인가?

　전후 소련은 점령지를 소비에트화, 즉 공산화하는 작업을 치밀하게 전개했다. 그들이 점령한 북한 지역도 예외는 아니었다. 스탈린은 1945년 9월 20일 극동소련군사령부에 7개의 비밀지령을 내렸는데 그중 2항은 "북한에 반일적 민주주의 정당·조직의 광범위한 블록을 기초로 하는 부르주아 민주주의 정권을 확립할 것"이었다. 즉 해방 후 한 달여 만에 이미 북한에 단독정권을 세울 것을 계획하는 문서였다.

　북한 주둔 소련군 총정치국장인 요시프 쉬킨(Shikin, '슈킨' 또는 '쉬낀'이라고도 표기된다) 대장이 1945년 12월 25일

북조선임시인민위원회 성립 경축 대회. 1946.2.8. "人民委員會는 우리에 政府이다"라고 쓴 현수막이 걸려있다. NARA 소장, 국사편찬위원회 제공.

소련 외무부 장관 몰로토프에게 보고하기 위해 작성한 10페이지 분량의 상세한 보고서에는 북한에서의 단독정부 수립에 대한 계획이 구체적으로 나타나 있다. 소련 해체 후 소련 기밀문서 공개의 일환으로 빛을 본 이 문서는 한반도의 이북 지역에서 소련의 정치·경제·군사적 이익을 지킬 인물들로 구성된 정권을 구축하기 위해 반대세력의 기반을 와해시키는 '토지개혁'을 해야 하고 '중앙집권적인 조직'을 서둘러 구성해야 한다고 보고하고 있다.[27] 특히 결론 부분의 3항에서는 "최단 시일 내에 북조선 경제를 복구하고 민족 간부를 양성하는 과업을 달성하기 위해서는 북조선 내 정권을 중앙집권화하여 이를 민주활동가들에게 넘겨주어야 한다"라고까지 주장하고 있다.

이 문서에 있는 내용은 곧 현실화됐다. 1946년 2월 8일에 김일성을 위원장으로 하는 북조선임시인민위원

---

27 [스탈린 지령서]와 [쉬킨 대장 보고서]에 대해서는 이지수, "제2차 세계대전과 소련의 한반도 정책," 이인호·김영호·강규형 편, 『대한민국 건국의 재인식』, 기파랑, 2009. pp. 55-92; 이영훈, 『대한민국역사: 나라만들기 발자취 1945~1987』, 기파랑, 2013, pp. 74-84 참고.

회가 설립됐다. 이것은 사실상 단독정부였고 실제로 정부로서 기능했다. 이 위원회는 3월 5일 토지개혁법령을 발표하고 무상몰수 형식의 토지개혁을 단행했다. 북조선임시인민위원회 설립식에는 "인민위원회는 우리에 政府이다"라는 현수막을 걸어 이 위원회가 사실상 '정부'임을 굳이 숨기려 하지도 않았다. 또한 쉬킨 보고서가 작성되던 시점은 모스크바 삼상회의가 열리던 시기였기에 미·소 협의와 상관없이 북한 지역에서의 단독정부 수립을 소련 측이 강행했음을 보여주는 좋은 자료이다.

이런 것을 종합해보면 학계와 세간에서 주장하는 '단독정부 수립을 먼저 구상하고 수립한 것은 미국과 남측이다'라는 이야기가 전혀 사실이 아닌, 틀린 이야기였음을 쉽게 알 수 있다. 특히 이승만과 그의 정읍연설(1946년 6월 3일)에서의 "통일정부를 고대하나 여의케 되지 않으니, 남한만이라도 임시정부 혹은 위원회 같은 것을 조직하여 38이북에서 소련이 철퇴하도록 세계 공론에 호소해야 할 것입니다"라는 발언이 분단의 원흉이고 직접적 원인이라는 역사적 해석의 오류는 시급히 시정돼야 할 것이다.

08
정읍연설의 목적이 단정수립?

    1945년 12월 28일, 모스크바 외상회의의 내용이 국내에 보도되면서 대대적인 반탁反託운동이 일어나기 시작했다. 1946년 2월, 이승만은 신탁통치에 반대하는 우익진영을 통합하여 대한독립촉성국민회(독촉국민회)라는 방대한 조직체를 결성하고 김구와 함께 반탁운동을 주도했다. 이승만은 김구, 김규식과 함께 4월 중순부터 6월 하순까지 전국 유세를 통해서 반탁 세력을 규합했다.[28] 영호남을 순방하며 반공·반탁 강연을 하고 있던 이승만

---

28 이정식, 『대한민국의 기원』, 일조각, 2006, pp. 448-449.

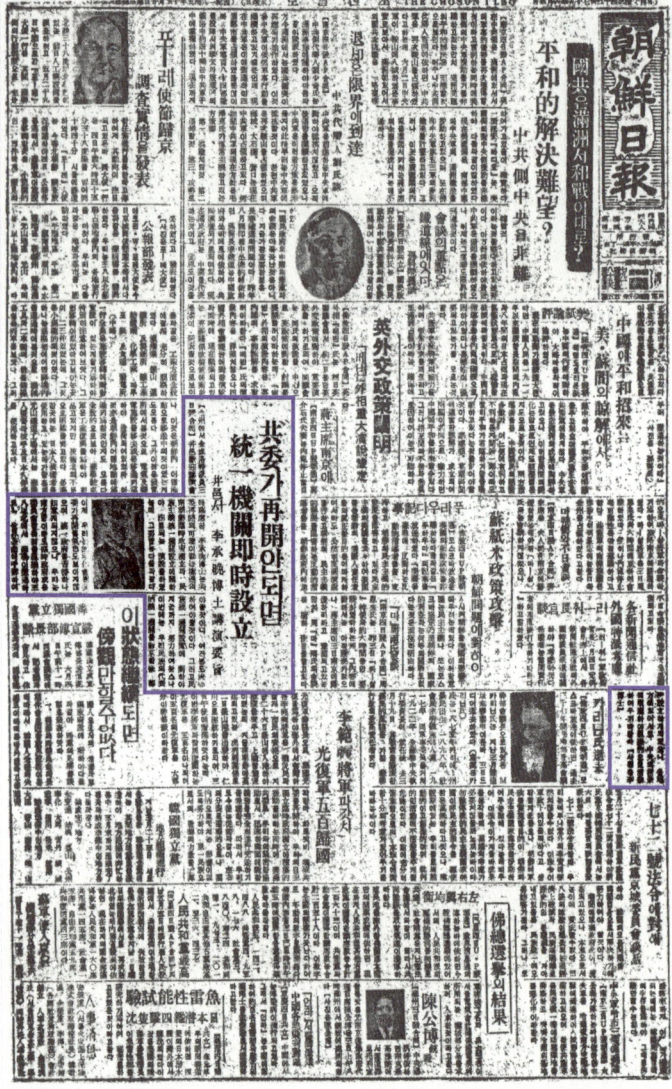

이승만 정읍연설을 보도한 「조선일보」 지면. '공위(共委)가 재개(再開) 안 되면 통일기관 즉시설립(統一機關卽時設立)' 이라는 기사 제목은 정읍연설의 요지가 통일기관 설립이었음을 보여준다. 정읍연설은 미·소 공동위원회가 결렬되고 나서 약 한 달 후인 1946년 6월 3일에 이루어졌다.

은 6월 3일 정읍에 들렀을 때, "이제 우리는 무기휴회된 공위가 재개될 기색도 보이지 않으며 통일정부를 고대하나 여의케 되지 않으니 우리는 남방만이라도 임시정부 혹은 위원회 같은 것을 조직하여 삼팔이북에서 소련이 철퇴撤退하도록 세계 공론에 호소하여야 될 것이니 여러분도 결심하여야 될 것이다."[29]라는 요지의 연설을 했다.

이른바 '단독정부론(단정론)'으로 알려진 이 연설 내용은 그동안 '정읍발언'이라고 불리면서 극도로 폄훼되어 왔다. 이승만이 정권욕에서 남한만의 정부를 세우려 했으니 '대한민국은 이승만의 정권욕의 산물'이라는 것이다. 과연 그럴까? 이승만의 정읍연설을 제대로 이해하려면 먼저 이 연설이 행해진 시점에 주목해야 한다. 당시 한반도에서는 무슨 일이 일어나고 있었는가. 1946년 초, 소련은 38선 이북 지역에서 우익 제거, '북조선임시인민위원회'의 수립, 토지개혁 등의 단독노선을 착착 진행시키고 있었다.

조만식을 비롯한 우익인사들이 신탁통치를 반대하고

---

29 "남조선 단독정부 수립의 필요성을 주장한 정읍강연(요지)," 1946.6.3., 우남실록편찬회, 『우남실록, 1945-1948』, 열화당, 1976, p. 400.

나서자 1946년 1월, 소련군정은 조만식을 연금해버리고 우익세력 숙청에 나섰다.[30] 이어서 소련은 북한에 단독정권을 세우는 작업을 서둘렀는데, 그 결과 1946년 2월 8일 '북조선임시인민위원회'가 수립되었다. 이는 모스크바 협정에 따라 한반도 통일 임시정부를 구성하기 위한 미국과 소련의 회합, 즉 미·소 공동위원회가 개최되기 전에 북한이 먼저 사실상의 단독정부를 수립했음을 뜻한다. 또한 소련군정은 미소공위가 개최되기 전인 3월 5일에 토지개혁법을 공포하고 즉시 실행해버렸다. 북한의 토지개혁은 공산당 지도 아래 조직된 농촌위원회가 그 지역의 지주들로부터 토지를 강탈한 뒤 지주들을 다른 군郡으로 추방하는 방식으로, 마치 '천지개벽'하듯이 진행되어 북한 전역에서 약 20일 만에 완료되었다. 북한의 토지개혁은 소련식 모델에 따라 북한 사회를 개조하려는 공산주의 혁명으로, 이후 북한은 남한과는 완전히 이질적인 사회가 되고 말았다.[31] 그러므로 북한의 토지

30　이정식, 2006, pp. 434-436.
31　한국현대사학회 현대사교양서팀, 『대한민국을 만들다』, 기파랑, 2012, pp. 45-46.

개혁은 3월 20일에 열릴 미소공위에서 소련이 한반도 문제를 두고 미국과 협상할 의도가 전혀 없다는 것을 보여주는 조치였다. 이로써 미국과 소련이 대화와 타협을 통해서 통일국가를 세울 실질적인 가능성은 이미 소련에 의해 사라져버린 것이었다.[32]

1946년 초부터 소련이 취한 이 모든 정책은 1945년 9월 20일에 스탈린이 내린 지령에서 비롯된 것이었다. 냉전이 종식된 후에 비로소 공개된 스탈린의 지령은 소련군 점령지역에 '부르주아적 민주주의 정권'을 수립하라는 것이었다. 결국 스탈린은 동유럽과 마찬가지로 초기에는 부르주아 연합정권을 구성했다가 공산세력의 힘이 강해지면 북한을 소비에트화化하려고 했던 것이다.[33]

---

32 이정식, 2006, pp. 437-438.
33 김영호, "대한민국의 건국외교: 정부 승인과 외교 기반 구축," 대한민국역사박물관 연구용역 최종보고서 [대한민국 정부 수립과 국가체제 구축], 2013.12.16., pp. 194-195; 이를 위해 소련은 소련에 거주하던 한인 2만에서 3만 명을 공산혁명 요원으로 훈련해 북한으로 데려왔으며, 그 결과 그들은 북한에서 곧바로 공산국가 건설에 착수할 수 있었다. 김충남, "한국 국가건설의 도전과 이승만의 응전: 한국 현대정치사 해석의 새로운 시도," 이인호·김영호·강규형 편, 『대한민국 건국의 재인식』, 기파랑, 2009, p. 436.

즉 소련은 1945년 12월에 한반도 문제 해결을 위한 모스크바 외상회의가 열리기 훨씬 전부터 북한에 단독 공산정권 수립을 시도했으며, 미국과의 합의에 의해서 한반도에 통일된 독립국가를 건설할 의사는 처음부터 전혀 없었다.[34]

해방 직후 소련이 북한에서 취한 정책을 본 이승만은 남북의 재통합이 당분간 불가능하다는 것을 확신하게 되었다. 이 정책들은 모두 한반도의 분단을 고착시키기 위해 취해진 것이었기 때문이다.

북한에서의 소련의 정책이 이처럼 적극적이었던 것과는 반대로 미국의 한반도 정책은 여전히 표류하고 있었다. 미국은 한반도의 전략적 가치를 인정하지 않았으므로 아무런 계획이나 준비도 없이 진주했다. 미국은 소련이 한반도를 통제할 가능성이 크다고 보았기 때문에 한반도에 민주정부를 세우겠다는 확고한 의지도 없었다. 미국의 한반도 정책은 한 마디로 '표류' 상태에 놓여 있었고, 이에 따라 남한의 정치와 경제는 혼돈 상태에 빠

---

34 김영호, 2013, pp. 194-195.

져있었다.[35]

　1946년 3월 20일부터 서울에서는 미·소 공동위원회가 열렸다. 하지만 소련이 한반도 통일 임시정부 구성을 협의할 남북한 정당과 사회단체 가운데 모스크바 협정에 반대하는, 즉 신탁통치에 반대하는 정당과 사회단체를 협의 대상에서 제외할 것을 고집하면서 미소공위는 5월 6일에 결렬되고 말았다. 이러한 상황에서 나온 것이 바로 이승만의 정읍연설이었다. 언제까지 우리의 현재와 앞날을 미국과 소련의 화해에 걸고 기다릴 것인가? 언제까지 우리가 미국을 믿고 기다려야 하는가? 우리는 남한에서만이라도 주권을 되찾아서 우리의 장래를 스스로 결정해야 한다는 것이 바로 이승만의 입장이었다.

　미소공위가 결렬된 지 약 한 달 만에 나온 이 연설은, 이북에서는 사실상의 단독정권이 수립되어 공산주의화를 착착 진행하고 있는 데다, 미소공위도 아무런 성과 없이 끝났기 때문에 남한에 "임시정부 혹은 위원회 같은 것"을 수립하지 않으면 남한마저 공산화될 가능성이 크

---

35 김충남, 2009, pp. 436-437.

다고 판단해 내놓은 남한 과도정부수립론이었다.[36]

1945년 9월 20일 스탈린의 북조선 정권 수립 지령이 떨어진 후 북한의 공산주의화는 빠르게 진행되고 있었다. 소련군은 김일성을 소련으로부터 귀국시켜 공산당을 조직하도록 하고 10월 10일 북한 '조선공산당 북조선 5도 당 책임자 및 열성자 대회'를 열었는데, 여기에서 이른바 '민주기지노선'이 제기되었다. '북조선 민주기지론'이란 소련군의 점령으로 공산화가 용이한 38선 이북지역을 먼저 공산화한 후 그것을 민주기지로 만들어 남한까지 공산화한다는 전략이다.[37]

소련군과 북한 공산세력은 이 '북조선 민주기지론'에 입각해서 1946년 2월 8일 북조선임시인민위원회라는 단독정권을 서둘러 수립했던 것이다. 한반도 전체를 공산화하려는 소련의 야욕을 간파한 이승만은 장차 한반도를 공산주의 아닌 체제로 통일하려면 우선 남한의 공산

---

[36] 유영익, 『건국대통령 이승만: 생애·사상·업적의 새로운 조명』, 일조각, 2013, p. 75.
[37] 김일영, 『건국과 부국: 현대한국정치사 강의』, 생각의 나무, 2004, p. 43; 양동안, "공산주의든 민주주의든 하나로 뭉치자! - 이승만은 통합주의자, 그 반대세력들," 인보길 엮음, 『이승만 다시 보기』, 기파랑, 2011, p. 171.

화를 막아야 하며, 남한의 공산화를 막으려면 남한에서 선거에 따른 민주정부를 조속히 구성해야 한다고 생각했다. 남한의 민주정부가 안정되면 그것을 기반으로 해서 남북통일을 추진한다는 것이 이승만의 구상이었다.[38]

그러므로 정읍연설은 '분단'을 전제로 한 것이 아니라 '선先정부수립 후後통일'을 염두에 둔 것이었다. 즉 한반도 전체가 공산화되는 것을 저지하기 위해서 우선 남한을 확고한 민주국가로 육성한 이후에 통일을 이룩하겠다는 단계론적 통일론이었다.[39]

정읍연설의 내용을 자세히 살펴보면 이 모든 것이 확연해진다. 우선 "남방만이라도 임시정부 혹은 위원회 같은 것을 조직"하자는 이승만의 주장은 북한의 '임시인민위원회'에 대응하자는 뜻이었다. 그리고 그 목적은 다름 아닌 "삼팔이북에서 소련이 철퇴撤退하도록 세계 공론에 호소"하는 것이었다. 그러므로 정읍연설은 우선 남한만이라도 과도정부를 조직하고, 이를 기반으로 소련을 한

---

[38] 양동안, 2011, pp. 170-171.
[39] 이철순, "이승만의 단독정부론에 대한 고찰," 이인호·김영호·강규형 편, 2009, p. 514.

반도에서 철퇴시킴으로써 통일을 이루자는 2단계 통일론임을 알 수 있다.

그럼에도 당시 남한 정계와 언론계는 이승만의 연설을 민족분단을 초래할 '남한 단정론'으로 규정하고 격렬하게 비판했다. 좌익은 물론이고 중도파, 심지어는 우익 진영의 김구도 비판에 가세했다. 그런데 "임시정부 혹은 위원회 같은 것을 조직"하자는 이승만의 주장이 민족분단을 초래한다면서 호되게 비판하던 사람들이 그보다 4개월이나 앞서 수립된 북한 임시인민위원회에 대해서는 아무런 비판도 하지 않았다. 이는 당시 남한 언론계와 지식인 사회의 헤게모니를 좌익세력이 장악하고 있었기 때문이다.[40]

비난이 계속되자 이승만은 과도정부수립론을 한동안 제기하지 않았다. 그러다가 1947년 9월에 남한 총선 실시를 주장했는데, 이는 정읍연설에서 제기했던 과도정부수립론의 취지를 계승한 것이었다. 그는 과도정부수립론이 적어도 남한만이라도 자주독립과 자유민주주의

---

40 한국현대사학회 현대사교양서팀, 2012, pp. 52-53; 양동안, 『대한민국 건국사』, 건국대통령이승만박사기념사업회, 1998, pp. 246-247.

를 확보할 수 있는 현실적인 최선책이라고 줄곧 믿고 있었던 것이다.[41]

실제로 많은 학자들이 이승만의 건국의 전략과 건국과정에서 그가 견지했던 반공노선이 현실적이었음을 높이 평가한다. 미국이 앞장서서 제안하고 추진했던 한반도 신탁통치안은 처음부터 실현될 가능성이 거의 없었다.[42] 중간파의 노선, 즉 남북협상을 통해 남북한에 별개의 정부가 들어서는 것을 저지하고 곧바로 통일정부를 수립하겠다는 남북협상론도, 냉전이 본격화된 초기에 분할점령을 당한 나라에서 세력도 갖추지 못한 중간파가 성공시키기에는 '때 이른' 시도였다.[43] 이에 반해 이승만이 제기한 과도정부수립론은 현실적으로 실현 가능성이 높은 방안이었고,[44] 실제로 이 방안에 따라 대한민국이 수립되었던 것이다.

---

41 차상철, "건국(建國)과 보국(保國): 이승만의 구상과 역할," 이인호·김영호·강규형 편, 2009, p. 469.

42 상동, p. 468.

43 김일영, 2004, pp. 80-81.

44 상동, p. 78; 이정식과 차상철도 이승만의 과도정부수립론이 현실적인 방안이었다고 평가한다. 이정식, 2006, pp. 427-470; 차상철, 2009.

좌우합작위원회. 1946년 7월 25일부터 1947년 10월 6일까지 활동했다.

09
좌우합작을 추진한
미 군정 對 반공주의자 이승만

　제1차 미소공위의 결렬에도 불구하고 미국은 소련에 대한 환상과 기대를 버리지 않았다. 소련과 함께해야만 세계 평화가 올 것이라 믿었다. 이러한 미국에게 꾸준히 소련을 비판하고 공산주의의 부당함을 주장하는 이승만은 귀찮고 불편한 존재였다. 미국은 이승만을 배제하고 미국의 한반도 정책에 호의적인 정치 세력을 양성할 것을 미 군정에 지시했다. 하지 중장은 우익의 김규식과 좌익의 여운형을 연결했고 그 결과로 탄생한 것이 1946년의 좌우합작위원회다.

　좌우합작위원회는 합작 7원칙을 발표했다. 좌익의

5원칙과 우익의 7원칙을 절충한 것으로 1946년 12월, 미 군정은 이 원칙을 토대로 간선의원 45명과 민선위원 45명으로 구성되는 남조선과도입법의원을 설치했다. 그러나 투표로 선출하는 민선위원에 이승만 지지자가 대거 당선되자 하지 중장은 일부를 선거 부정으로 규정, 재선거를 지시하고 미 군정이 임명하는 관선위원의 대부분을 좌익계열로 채웠다.

사태를 주시하던 이승만은 미국으로 건너갔다. 직접 미국 정부와 미국 여론을 상대로 자신의 노선을 설득하기 위해서였지만 미 정부의 고위직들은 이승만을 만나주지 않았다. 그 사이 미국의 대외 정책에 변화가 생겼는데 트루먼이 그리스와 터키로 진출하려는 소련을 봉쇄하기 위한 군사원조를 의회에 요청한 것이다. 얄타에서 싹을 보였던 냉전이 시작되고 있었다.

미국 정부는 이승만의 주장에 귀를 기울이기 시작했다. 서로 다른 이념을 기반으로 하는 두 정치 세력의 외형적 통합은 현실에서 불가능하다는 사실을 깨달은 것이다. 1947년 좌우합작위원회는 해산했다. 두 개의 상이한 이념으로 운영되는 단체나 국가를 본 적이 있는가. 좌우합작은 말만 아름답고 현실에서는 불가능한 체제였다. 그리고 그 결말도 대체로 암울하다. 1917년 소비에트연방이 출범한 뒤 세계 여러 나라에서 공산주의 국가가 탄생했다. 이들의 공통점은 비슷비슷한 형태의 좌우합작 과정을 거쳤다는 사실이다. 좌우합작은 공산주의로 가는 정해진 경로였다. 그 길을 우리는 아슬아슬하게 피해갔다.

스탈린주의자였던 스티코프의 일기. 대구폭동과 관련된 내용이 9월 26일, 28일, 10월 1일, 2일 자에 적혀있다. 국사편찬위원회 소장·제공.

10
극한으로 치달은 좌익의 투쟁

해방 직후 미국식 민주주의에 대한 신념이 투철했던 미 군정은 모든 정치 세력에게 대체로 관용적이었다. 그러나 이를 악용한 공산당의 불법 활동은 미 군정을 경악시켰다. 1946년 5월, 공산당이 은행권까지 위조하여 발행하자 뒤늦게 정신을 차린 미 군정은 공산당을 불법화하고 지하에서 활동하는 공산당 간부에게 체포령을 내렸다. 박헌영과 이강국은 북으로 도주하고 이주하는 체포되었다. 이에 대한 보복으로 박헌영은 미 군정에 대한 강경한 폭력 투쟁을 지시했고 9월 총파업이 시작되었다. 대구에서는 대구노동평의회가 철도파업에 대한 동정파

1946년 10·1 대구 폭동에 대한 「민주중보」의 당시 보도 기사. 지면 좌측에 '대구(大邱)서 인민폭동 발발(人民暴動勃發), 한동안(一時는) 각 경찰서(各警察署)를 점거(占據), 2일(二日) 현재(現在) 전 시 계엄령 하(全市戒嚴令下)'라고 쓰여 있다. 국립중앙도서관 대한민국 신문 아카이브 소장·제공. 지면 우측 상단에는 필체로 9.30日이라고 써있으나 해당 신문은 10월 4일 자로 추정된다. 자세히 보면 우측 상단에 음력 9월 10일 금요일이라고 인쇄되어 있고 이를 양력으로 환산하면 10월 4일이다. 해당 지면의 다른 기사들도 2일 발, 3일 발이라고 되어 있다.

국립중앙도서관 관계자 설명 제공.

업을 벌였고 이를 직장 파업으로 이어나가면서 벌어진 것이 10·1 대구 폭동이다. 그렇게 시작된 대구 폭동은 1946년 말까지 경북, 경남, 충청, 서울, 경기도, 황해도, 강원도, 전남, 전북 등 남한 거의 모든 지역으로 확산되면서 세 달여 남한을 뒤흔들었다.

대구 시위가 폭동으로 발전한 것은 공산당의 순발력과 특기가 제때 발휘되었기 때문이다. 너 나 할 것 없이 다들 굶주리는 판이었지만 당시 대구는 특히나 식량 사정이 최악인 도시였다. 30만 명의 귀환동포가 유입되면서 쌀 수요가 늘고 가격이 폭등했다. 설상가상으로 콜레라까지 돌았고 미 군정은 전염을 막는다며 대구를 봉쇄했다. 농작물과 생필품 공급이 완전히 끊어진 것이다. 가뜩이나 쌀 정책에서 죽을 쑤고 있던 미 군정에 대한 반발은 극에 달했다. 남로당은 도청에서 쌀 배급을 한다는 유언비어를 퍼뜨렸다. 희망과 기대로 그릇을 들고 달려간 부녀자들을 기다리고 있던 것은 그게 잘못된 소식이라는 가슴 무너지는 소리였다. 실망이 분노로 변하기 시작했다. 시위대에 대한 경찰의 발포로 1명이 사망한 것은 여기에 기름을 부었다. 10월 2일, 수만 명으로 불어난 시위대의 투석전에 경찰이 발포하여 사상자는 또 늘어난다. 이때 도립병원에서 해부용 시신을 훔쳐다 시각적으로 대중의 분노를 자극한 공산당의 전술은 대구 폭동의 백미였다. 분노한 군중들은 무기고를 털어 무장하고 경찰관 등 공무원을 잔인하게 살해했다. 대구를 포함, 경상북도 지역에서만 공무원 63명, 일반인 73명이 사망했다. 체포된 사람은 대구 경북지역에서만 7,500여 명에 달했다.

포털에서 '대구 폭동'을 검색하면 폭동이라는 단어 대신 '대구 10월사건' 혹은 '10월 항쟁'이 뜬다. 역사 반역이라는 것은 이럴 때 하는 말이다. 어떻게든 이 사건을 항쟁으로 마무리 짓고 싶었던 인간들의 바람은 그러나 북한 정권을 탄생시킨 스티코프 비망록이 공개되면서 수포로 돌아갔다. 일기에는 대구 폭동에 자금을 지원했다는 내용이 또렷이 적혀있다.[45]

---

45 좀 더 자세한 내용은 Hyun-su Jeon with Gyoo Kahng, "The SHTYKOV Diaries: New Evidence on Soviet Policy in Korea," *Cold War International History Project Bullein*, Issues 6-7(Winter 1995/1996), pp. 69, 92(전현수·강규형의 스티코프 비망록 해제); 전현수, "특별연구: 『쉬띄꼬프일기』가 말하는 북한정권의 성립과정," 「역사비평」 1995년 가을호(통권 32호), 역사비평사, pp. 133-162 참고.

11
이승만이
미국으로 간 까닭은?

　미국은 1945년 9월 8일 인천에 상륙하여 점령 정책을 시작했다. 그러나 사전에 전혀 준비가 되어 있지 않아 미국의 한반도 정책은 결과적으로 '관망정책wait and see'이 되었다. 즉 미국은 소련의 세력 팽창을 막는다는 소극적인 목표로 남한을 점령한 후, 중국에서의 사태 진전을 바라보며 앞날을 관망하는 입장이었다. 때문에 치안 유지 외에 이렇다 할 정책이 없었다.[46]

　서울에서 하지 장군의 정치 참모 역할을 했던 윌리엄

46　이정식, 『대한민국의 기원』, 일조각, 2011, p. 359.

하지 미 군정 사령관(왼쪽)과 이승만(오른쪽). 미 군정이 김규식과 여운형을 앞세워 좌우합작을 추진하자 이승만은 "좌우합작의 귀결은 공산화"라는 사실을 분명히 했다. 이승만은 미국 정부와 직접 교섭하여 건국의 기틀을 마련하기 위해 1946년 12월 7일 미국으로 건너가 한국 문제의 유엔 이관을 주장했다.

랭던은 이 시기의 미국 정책을 '표류의 정책a policy of drift'이라고 표현했다.

이와 달리 북한에서는 스탈린이 1945년 9월 20일 "북한에 부르주아 민주주의 정권을 수립하라"라는 비밀지령을 내린 직후부터 공산 단독정권 수립을 위한 일사불란한 움직임이 시작됐다. 1945년 10월 10일에는 조선공산당 북조선분국이 설립되었고, 10월 28일에는 북조선 5도 행정국 설립, 이어 북조선중앙은행이 창설됐다.

1946년 2월 8일 평양에서 북조선 임시인민위원회가 창설됐고 다음날 위원장 김일성, 부위원장 김두봉, 서기장 강양욱 등 총 23명으로 구성된 임시인민위원회 명단이 발표됐다. 이들은 행정과 입법 권한을 가지는 독재적 기관으로서 "임시인민위원회는 우리의 정부"라고 선언했다.

북한은 일방적으로 단독정부를 설립하고 이를 공표했다. "남한만이라도 임시정부를 수립해야 한다"라는 이승만의 정읍 발언이 나오기 4개월 전에 이미 북한은 공산 단독정부를 출범시킨 것이다.

반면에 미국은 새로 창설된 국제연합의 성공을 위해

민주국가와 공산국가의 화해와 협력(즉 좌우합작)으로 국제문제를 해결해야 한다는 '샌프란시스코 환상'에 매달렸다. 이승만은 좌우합작이란 용어와 명분은 그럴듯해 보이지만, 자유민주주의와 공산주의는 지향점이 정 반대라서 절대 통합될 수 없다는 점을 꿰뚫어 보고 있었다.

이미 38선 이북의 소련 점령지역에서 '북조선 임시인민위원회'라는 공산 단독정부가 수립된 마당에 남한에서 좌우합작이 추진되면 북한의 공산세력과 남한의 공산세력이 힘을 합쳐 한반도 전체를 공산화시키리라는 것은 시간문제라고 판단한 것이다.

이승만은 절체절명의 상황에서 난국 타개를 위한 승부수로 1946년 6월 3일, 정읍에서 남한만의 임시정부(단독정부)를 수립해야 한다고 밝혔다. 이승만은 미국이 1882년 체결한 한미우호통상조약을 일방적으로 방기한 사실을 생생하게 기억하고 있었다.

남한에 정부가 수립되지 않아 혼란이 계속되고, 미군정이 이를 수습하지 못하면 남한은 공산화될 것이 뻔했다. 남한만이라도 독립된 정부를 세워 혼란을 잠재우고 질서를 회복하는 것이 공산화를 막는 길이라는 것이

정읍 발언의 핵심이었다.

그러나 이승만의 정읍 발언은 격렬한 소용돌이를 몰고 왔다. 하지와 미 군정, 그리고 그 배후에 있는 미 국무성의 좌익세력들은 김규식을 선호했다. 미 군정은 즉각 '진보적 강령으로 민중의 지지를 획득할 수 있는 인물'로 김규식과 여운형을 지목하고, 두 사람을 앞세워 좌우합작 공작에 돌입했다. 이렇게 되자 이승만은 미국의 여론 주도층과 언론에 한국에 대한 올바른 정책을 세워줄 것을 직접 호소하기 위해 미국 방문을 결정했다.

1946년 12월 4일 출국한 이승만은 12월 7일 워싱턴에 도착, 칼튼 호텔에 여장을 풀고 전략위원회를 소집했다. 당시 전략위원회 멤버는 존 스테거스(법률가), 제이 제롬 윌리엄스(언론인), 프레스턴 굿펠로우(OSS 책임자), 에머리 우돌 대령(미 군정청 사법관), 프레데릭 브라운 해리스(미 상원 목사), 임영신·임병직 등이었다.

이 회의에서 난상토론 끝에 다음과 같은 6개 항의 안건을 건의서로 작성하여 미 국무성에 제출했다.

① 남한에 과도정부를 수립하여 한국의 두 지역이 다

시 통일될 때까지 활동하도록 하며 그 뒤에 즉시 총선거를 실시할 것.
② 한국에 대한 미·소 간의 일반적인 합의들을 깨뜨리지 않고 이 과도정부는 국제연합에 가입되어야 하며, 한국 점령 같은 미결 문제들에 관해 소련과 미국에 직접 교섭하도록 허용할 것.
③ 한국 경제 재건에 도움이 되도록 대일 청구권 문제를 조속히 고려해 줄 것.
④ 기타 국가들과 평등 원칙에 입각하여 어떤 국가에도 편중된 혜택을 주지 않도록 전적인 통상권을 한국에 부여할 것.
⑤ 한국 화폐를 국제환 제도에 따라 안정시키고 제도화할 것.
⑥ 점령 중에 있는 양국 군대가 동시에 철수할 때까지 미국 치안군이 계속 남한에 잔류할 것.[47]

이 건의서를 받은 미국 정부 요인들은 남한만이라도

---

47 로버트 올리버, 박일영 역, 『이승만 없었다면 대한민국 없다』, 동서문화사, 2008, pp. 85-86.

민주정부를 수립해야 한다는 이승만의 주장을 지지하는 의견과 거부하는 의견으로 갈렸다. 국무성 동북아국장 휴 보턴Hugh Borton과 존 카터 빈센트 극동국장은 이승만에게 5년 기한의 신탁통치를 받아들일 것을 권고했다. 반면 피점령국 담당 차관보 존 R. 힐드링John R. Hilldring 장군은 한국 사정에 능통했고, 또 맥아더 장군과도 친한 사람이어서 이승만의 주장을 적극 지지했다.

빈센트나 보턴의 반대에도 불구하고 힐드링 장군은 얼마 후 이승만이 국무성에 제출한 6개 항목의 건의안을 지지하겠다고 확약했다. 그는 소련이 남한 침략을 강행할 목적으로 북한에서 50만 군대를 편성하고 있다고 폭로하여 미국을 놀라게 했다. 임병직은 힐드링 장군의 강력한 지지가 대한민국 정부 수립에 큰 공을 세웠다고 자서전에 기록하고 있다.[48]

미국 정부는 1947년 10월 28일 한국 문제를 유엔에 정식 상정시켰다. 소련 대표 안드레이 비신스키는 이에 강력 반발, "미국의 제안은 모스크바 협정 위반이며, 소

---

48 임병직, 『임정에서 인도까지』, 여원사, 1964, p. 290.

련 정부는 이러한 위반행위를 절대 용납하지 않을 것"이라고 경고했다. 그러나 소련의 반대에도 불구하고 유엔 총회는 한반도 문제에 대한 토의를 시작했다.[49]

    1947년 11월 14일 유엔 총회 본회의는 유엔 감시 하의 남북한 총선거 결의안을 43 대 0, 기권 6으로 채택했다. 총회 결의 제112호의 주요 내용은 인구비례에 따른 비밀투표에 의한 선거를 1948년 3월 31일 이전에 실시하고, 제헌의회 구성과 헌법 제정, 유엔한국임시위원단 설치, 그리고 점령국들과 90일 이내에 철군 문제를 협의한다는 것이었다.[50] 이는 이승만이 1946년 방미 과정에서 주장해 온 임시정부수립론이 최종 승리한 것을 뜻했다.

---

49 박홍순, "대한민국 건국과 유엔의 역할," 이인호·김영호·강규형 편, 『대한민국 건국의 재인식』, 기파랑, 2009, pp. 104-105.

50 상동, p. 108.

12
유엔한국위원단이 북한에 들어가지 못한 까닭은?

유엔 감시 하의 한반도 총선거가 결정되고 선거의 공정한 감시 및 관리를 위해 유엔 산하에 임시 기구 유엔한국임시위원단UNTCOK을 구성, 독립정부가 수립된 후 7월 1일까지 미국과 소련 양국 군대를 철수시킨다는 내용이 결의되었다.

유엔한국임시위원단에는 호주·캐나다·중국·엘살바도르·프랑스·인도·필리핀·시리아 등 8개국 대표가 참여하였고 임시위원단 60여 명이 1948년 1월 7일 한국에 도착하여 활동을 시작했다. 위원단은 1월 12일 서울 덕수궁에서 첫 회의를 열고 주중 인도 대사로 근무하던 K.

유엔한국임시위원단을 환영하기 위해 세운 아치. 소련의 반대로 유엔한국임시위원단이 북한 지역에 들어갈 수 없게 되자 유엔은 유엔의 감시가 가능한 지역에서 총선을 치러 정부를 수립하기로 결정하였고 이에 따라 대한민국 건국 작업이 시작되었다. NARA 소장, 국사편찬위원회 제공.

P. S. 메논Menon 박사를 의장으로 선출했다. 1월 14일에는 서울운동장에서 20만 인파가 운집한 가운데 위원단 환영대회가 대대적으로 열렸다.

이 와중에 느닷없이 1월 22일 소련의 주유엔 대표 안드레이 그로미코는 "유엔한국임시위원단의 소련 점령하 북조선 입경을 거부한다"라는 성명을 발표했다. 38선 북쪽에서의 임무 수행이 어렵게 되자 유엔위원단 사이에서는 "유엔으로 돌아가 다시 훈령을 받아야 한다"라는 입장이 지배적이었다. 이렇게 되자 남한을 대표하는 정치인들의 입장이 두 갈래로 갈렸다.

이승만은 시종일관 유엔위원단의 활동이 가능한 지역 내에서 총선거를 실시하여 중앙정부를 수립해야 한다는 입장이었다. 김구와 김규식은 1948년 1월 25일까지만 해도 "유엔 감시 하에 수립되는 정부가 중앙정부라면 38선 이남에 한하여 실시되는 선거라도 참가할 용의가 있다"라고 했으나 갑자기 태도를 바꾸었다.

2월 10일 김구는 "나는 통일된 조국을 건설하려다가 38선을 베고 쓰러질지언정 일신에 구차한 안일을 취하여 단독정부를 세우는 데에는 협력하지 않겠다"라는 성명을 발표하여 총선 반대 입장을 분명히 했다.

유엔한국위원단도 국가별로 의견이 갈려 합의점을 찾지 못했다. 캐나다와 호주는 중립을 표방했으며, 시리아 대표는 노골적으로 남북협상을 지지하며 공산 측에 유리하게 활동했다.

의견이 분분하자 메논은 뉴욕으로 가서 유엔 총회의 의견을 듣기로 결정했다. 사실 메논을 비롯한 인도의 입장은 "한국의 부자연스러운 분단을 영구 고착화할 어떤 일도 하고 싶지 않다"라는 것이었다.

메논은 한국 도착 이틀 후 서울운동장에서 열린 환영대회에서 "북한에도 애국적인 지도자가 있으며, 독립도 중요하지만 한국 사람들은 단합하여 남북 통일정부를 수립해야 한다"라고 연설했다. 애매한 내용의 연설이 계속되자 이승만과 김구는 자리를 박차고 퇴장했다.

당시 하지 미 군정 사령관은 좌우합작이 가능한 중도파 김규식을 한국의 지도자로 밀고 있었고, 메논도 그 사실을 잘 알고 있었다. 이런 상황에서 메논은 2월 19일 유엔 소총회에 참석하여 유엔한국위원단 의장으로서 한국 사정을 설명하고 "유엔은 빈손으로 조선을 떠날 수 없다. 남조선에 수립될 수 있는 별개 정부가 총회의 결의에서 규정된 바와 같은 중앙정부일 수 있다고 생각하는 데 보다 의견이 일치한다. 이승만은 전설적인 국민적 지도자다"라고 연설했다.

이에 메논은 이승만이 주장했던 '남한에서의 총선거'를 승인해 줄 것을 촉구했으며, 김규식이 아닌 이승만을 한국을 대표하는 국민적 지도자로 소개했다.

이 연설을 들은 유엔 소총회는 1948년 2월 26일 논쟁 끝에 소련 등 공산진영 11개국이 불참한 가운데 유엔위원단이 활동 가능한 남한지역에서 총선을 실시할 것을 31 대 2, 기권 11로 가결했다. 캐나다와 호주는 한국 내 대부분의 정당이 남한 단독 선거를 원하지 않고 있다는 점을 들어 이 의견에 반대했다.

유엔 소총회가 이날 유엔위원단이 활동 가능한 남한지역에서 총선을 실시할 것을 가결함으로써 역사적인 제헌의회 의원 선출을 위한 선거가 실시될 수 있었다. '남한지역에서의 총선 실시'라는 대업大業을 성사시킨 메논이 한국으로 돌아오자 이승만은 그를 얼싸안고 목메어 울었다.

메논이 본국 정부의 의견을 거슬러가면서까지 자신의 입장을 바꾸는 과정의 배후에는 모윤숙이 존재하고 있었다. 메논 박사가 시인 모윤숙을 흠모하고 있다는 사실을 알게 된 이승만이 모윤숙을 이용하여 메논의 마음을 돌려놓은 것이다.

당시 소련이 유엔한국임시위원단의 입북을 봉쇄한 이유는 유엔이 "인구비례에 의한 비밀선거를 통해" 제헌의회 구성과 헌법 제정을 결의했기 때문이다. 당시 북한 인구는 900만, 남한 인구는 2,100만 명이었다. 이 상황에서 인구비례에 의해 선거를 실시할 경우 공산당의 승리는 불가능한 상황이었다.

때문에 소련은 선거 실시를 위해 입북하려던 유엔한국임시위원단의 입북을 봉쇄했다. 그리고 소련은 남한에 단독정부가 수립되기 전에 인민군을 창설하여 그 위용을 과시함으로써 남한에 있는 공산당원들의 사기를 높이고, 또 반 이승만 정치인들을 북한으로 초청하여 회유하기 위해서 인민군 창설을 서둘렀다.[51]

---

51 장준익, 『북한인민군대사』, 서문당, 1991, pp. 77-78.

스탈린은 북한에서 정부 수립이 선포되기 약 7개월 전인 1948년 2월 8일 북한의 군대인 조선인민군 창군식을 거행했다. 이날 북한 인민군 보병·포병·기동화부대로 구성된 2만 5,000명의 대병력이 소련제 기관총, 박격포, 대전차포, 고사포, 곡사포, 직사포, 그리고 모터사이클 등 신형 장비를 갖추어 정렬한 가운데 창군식이 거행되었다. 소련군을 모방한 계급장을 부착한, 그야말로 소련의 꼭두각시 위성군대였다.[52]

40만 인파의 환호 속에 평양역전 광장에서 조선인민군의 창건을 선포하는 열병식이 거행됐다. 북한에 공식 정부가 수립되기도 전에 군대가 먼저 창설되었고 이는 세계 역사상 극히 드문 사례다.

---

52 상동, p. 19.

남북연석회의에 참가하러 김구가 북한에 가겠다고 하자 이를 만류하기 위해 경교장에 모여든 사람들. 1948.4.19. NARA 소장, 국사편찬위원회 제공.

13
김구가
변심한 까닭은?

　제1차 미소공위가 결렬되자 미 군정은 김규식과 여운형을 중심으로 좌우합작을 추진했다. 좌우합작 문제가 대두되자 김구를 비롯한 임시정부 요인들은 중국의 국공합작과 연관시켜 생각한 탓인지 좌우합작에서 정치적 활로를 찾으려 했다. 이승만은 좌우합작의 말로는 공산화라고 결론짓고 좌우합작에 전혀 응하지 않은 채 남한에 임시정부(단독정부)수립론을 들고 나왔다.

　김구는 국제정세의 흐름에 어두웠다. 그는 미국이 중대한 국제문제에 직면해 있으며, 한국 문제도 미국의 세계전략에 맞춰 풀어갈 것이라는 이승만의 주장을 납득

하지 못했다. 김구는 거시적 안목이 부족했고, 미국의 세계전략에 따라 한국 문제가 영향받을 이유가 없다고 생각했다. 게다가 김구는 임정의 권위를 업고 쿠데타를 통해 미 군정을 무너뜨리려고 여러 차례 시도했다. 언더우드는 김구에 대해 "거칠고 접근하기 어렵고 무자비하며 비민주적"이라고 평했다.[53]

미 군정 사령관 하지는 1948년 3월 1일 본국의 훈령에 의해 5월 9일(후에 5월 10일로 조정) 남한에서 총선거를 실시한다고 발표했다. 이 발표를 접한 이화장과 이승만 지지 세력은 열광했으나 공산당은 물론 남한 단독 선거를 반대해 온 김구와 김규식은 일대 충격을 받았다. 두 사람은 남북의 지도자들이 만나 진지하게 토의하면 분단이라는 최악의 상황은 막을 수 있을 것이라며 꿈과 희망을 가지고 남북협상에 나섰다.

김구와 김규식 등 임정계는 1948년 1월 중순까지만 해도 유엔 감시 하의 남북한 총선에 찬성하는 입장이었다. 김구는 1947년 12월 1일 "이승만 박사가 주장하는

---

[53] 언더우드, 주장돈 역, 『한국전쟁, 혁명 그리고 평화』, 연세대학교 출판부, 2002, p. 156.

정부는 결국 내가 주장하는 정부와 같은 것이다. 그런데 세상 사람들이 그것을 오해하고 단독정부라고 하는 것은 유감"이라는 성명을 발표했다. 1948년 1월 25일에도 김구는 "유엔 감시 하에 수립되는 정부가 중앙정부라면 38선 이남에 한하여 실시되는 선거라도 참가할 용의가 있다"라고 총선 참여 의사를 밝혔다.

그런데 다음 날인 1월 26일에는 "미군과 소련군이 철수하지 않고 있는 남북의 현재 상태로는 자유스러운 분위기를 가질 수 없으므로 두 나라 군대가 철수한 후 총선거를 해서 통일정부를 구성해야 한다"라고 급제동을 걸고 나섰다.

김구가 건국을 앞둔 상황에서 종잡을 수 없는 행보를 보인 이유는 임정의 주불駐佛 외교위원이었던 서영해와 북한에서 남파된 간첩 성시백에게 포섭당했기 때문이다. 김구의 추종자였던 조경한은 "서영해가 나타나 '남북한을 통틀어 총선거를 하면 선생님이 대통령이 되실 텐데 무엇 하러 이승만이 주도하는 남한만의 선거에 참여하려 하십니까. 김일성도 김구 선생을 대통령으로 모시려고 만반의 준비를 갖추고 있습니다'라고 집요하게 북한이 남파한 간첩 성시백의 공적을 대서특필한 1997년 5월 26일 자 「로동신문」.

설득하는 바람에 변심하게 되었다"라고 증언했다.[54]

1997년 5월 26일 자 북한 「로동신문」은 성시백의 김구 공작에 대해 다음과 같이 밝히고 있다.

"성시백 동지는 4월 남북련석회의를 성과적으로 보장하기 위하여 위대한 수령님의 높으신 권위를 가지고 극단한 반동분자로 있던 김구 선생을 돌려세우는 사업 체에도 큰 힘을 넣었다."[55]

김구와 김규식이 평양에서 참석한 회의는 두 사람이 김일성에게 보낸 2월 16일 자 서한에서 제안했던 "통일정부 수립을 위한 남북 정치 지도자 간의 정치 협상"과는 거리가 멀었다. 평양에서의 회의는 모든 것이 각본대로 움직이고 있었다. 회의가 열리기도 전에 이미 결의문이 채택되어 있었다.

회의 마지막 날인 4월 23일 남북 대표자들은 [남조선

---

[54] 이호, 『하나님의 기적 대한민국 건국(하)』, 도서출판 복의 근원, 2013, p. 210.
[55] 상동.

정치정세에 관한 결의서], [전 조선 동포에게 격(檄)함], [남조선 단선단정 반대투쟁 대책에 관한 결의서], [미소 양국 정부에 보내는 전 조선 정당 사회단체 연석회의 요청서] 등을 만장일치로 채택했다. 이 결의문은 "연석회의 개최와 관련해서 김일성에게 조언을 제공할 데 대하여"라는 4월 12일 자 스탈린의 지령을 토씨까지 그대로 베낀 것이다.[56]

1948년 7월 11일, 자유중국의 류위완(劉馭萬) 총영사[57]는 김구와 비밀리에 만나 대한민국 정부 수립을 지지하기 바란다는 장제스 총통의 뜻을 전했다. 이날 류위완 총영사는 김구에게 왜 건국을 반대하는지를 물었다. 김구는 자신의 속마음을 다음과 같이 털어놓았다.

"내가 평양에서 열린 남북한 지도자 회의에 참석한 한 가지 동기는 북한에서 실제 일어나고 있는 일들을 알

---

56 허동현, "대한민국의 건국외교와 유엔," 「숭실사학」 제30집(2013년 6월), 숭실사학회, p. 257.
57 서울 주재 중화민국 공사이던 류위완은 장제스 총통의 지시를 받고 이승만, 김구, 김규식이 화합하여 대한민국 건국에 협조하도록 막후에서 활동했다. 류위완은 후에 유엔 주재 중화민국 대사로 근무했다.

아보려는 것이었습니다. 공산주의자들이 앞으로 3년 간 조선인 붉은 군대의 확장을 중지하고, 그 사이에 남한이 전력을 다한다고 해도 공산군의 현재 병력만한 군대를 만들기는 거의 불가능합니다. 러시아인들이 손쉽게 남쪽을 기습할 것이며, 당장 남한에 인민공화국이 선포될 것입니다."

이 대화록을 보면 김구는 소련의 지원을 받은 북한이 조만간 남침하여 공산정권을 세울 것이 분명하니 굳이 대한민국을 건국할 필요가 없다고 느끼고 있었던 것으로 보인다. 김구의 통일정부 수립 주장은 군사력이 우월한 북한의 인민공화국에 남한이 편입되는 갈밖에 없다는 사실을 알고 있으면서 국민을 기만한 것이다.[58]

이승만의 '남한 단독정부' 노선과 김구의 '남북협상' 노선은 정치에 있어서의 현실과 이상을 보여주는 좋은 예다. 이와 관련하여 허정은 자신의 회고록에서 다음과 같이 밝히고 있다.

---

58 김효선, "김일성도 선생님을 대통령으로 모시려고⋯," 인보길 엮음, 『이승만 다시 보기』, 기파랑, 2011, p. 183.

"백범(김구)은 어떠한 희생을 치르더라도 이상에만 충실하려는 고집을 버리지 않았다. 하기는 통일정부를 수립하는 길이 없었던 것은 아니었다. 만일 자유민주주의의 신봉자들이 무조건 백기를 들고 공산주의자들 앞에 항서降書를 썼더라면, 공산정권의 수립으로 적화 통일의 길이 있었을 것이다. 공산주의자들이 요구하고 있던 것은 민주 진영의 무조건 항복이었다.…

그때나 지금이나 마찬가지지만, 이상적으로 말한다면 남북 분단의 비극을 막기 위해 우선 어떤 형태로든 통일정부를 수립하고 민주주의냐 또는 공산주의냐 하는 이데올로기의 선택은 그 다음으로 미루어 민의民意에 맡기거나, 또는 민주 진영과 공산당의 연립정부를 수립하는 것이 최선의 길처럼 생각될 것이다. 이러한 방식은 시기의 늦고 빠름은 있더라도 공산화라는 결말에 이르게 된다는 것은 2차 대전 후의 동구 제국諸國이 보여준 역사적 교훈이었다. 그런데 바로 이것이 백범이 추구하던 노선이었다."[59]

---

59 허정, 『내일을 위한 증언』, 샘터, 1979, pp. 132-139.

14
좌익의 5·10 총선거 방해공작

유엔 감시 하의 남한 총선 실시가 가시화되자 월북한 박헌영은 남한의 선거를 폭력 수단을 통해 저지하기로 결심했다. 평양 라디오 방송을 통해 지령을 받은 남로당은 1948년 2월 7일부터 2주 동안 전국에서 "유엔위원단 반대", "남조선 단정 반대", "미소 양군 동시 철퇴", "이승만 김성수 등 친일 반동분자 타도", "정권을 인민위원회에 넘겨라" 등의 구호를 외치며 극렬 폭력 시위를 벌였다.

제주도에서는 '인민해방군'이라 불리는 남로당원들이 일제 소총과 수류탄, 검 등으로 무장하여 경찰지서를 공격했고, 경찰 및 우익 청년단체를 대상으로 유격전을

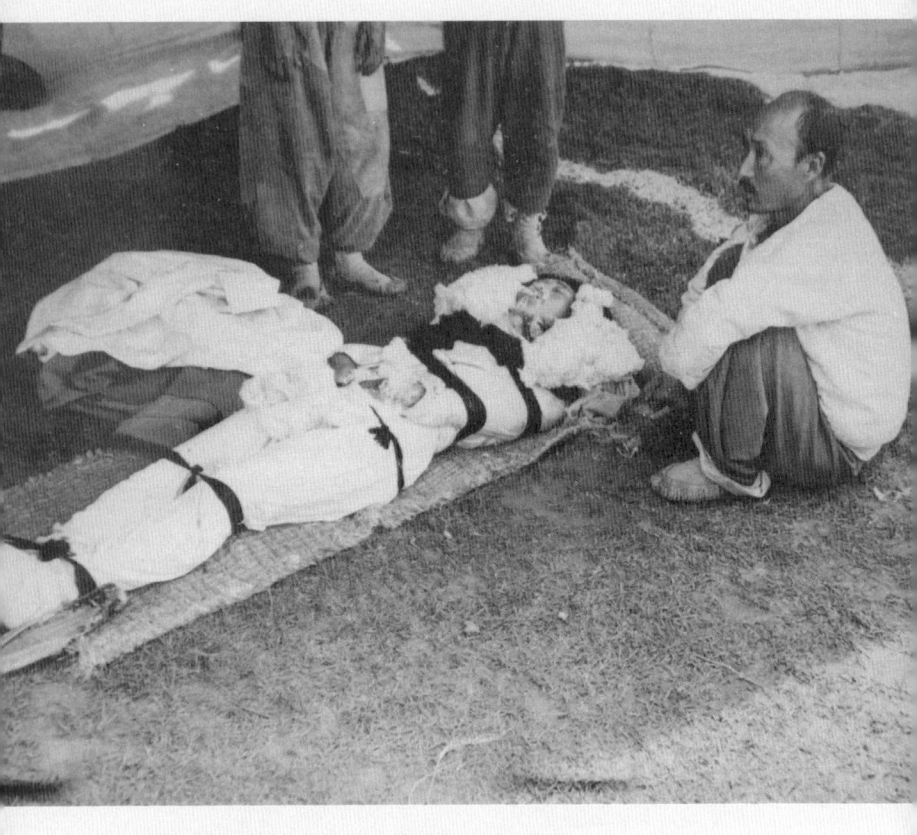

제주 지역 빨치산에 의해 살해당한 주민. 1948.05.01.
NARA 소장, 국사편찬위원회 제공.

벌였다. 남로당의 거센 테러 활동으로 제주도는 통제 불능 상황으로 치달았다.[60]

좌익들의 폭력 투쟁 와중인 2월 10일 김구는 "나는 통일된 조국을 건설하려다가 38선을 베고 쓰러질지언정 일신에 구차한 안일을 취하여 단독정부를 세우는 데에는 협력하지 않겠다"라는 성명을 발표, 총선 반대 입장을 분명히 했다. 성명 내용은 다음과 같다.

> "나는 통일된 조국을 건설하려다가 38선을 베고 쓰러질지언정 일신에 구차한 안일을 취하여 단독정부를 세우는 데에는 협력하지 아니하겠다. 나는 내 생전에 38 이북에 가고 싶다. 그쪽 동포들도 제집을 찾아가는 것을 보고서 죽고 싶다. 궂은 날을 당할 때마다 38선을 싸고도는 원귀의 곡성이 내 귀에 들리는 것도 같았다. 고요한 밤에 홀로 앉으면 남북에서 헐벗고 굶주리는 동포들의 원망스러운 용모가 내 앞에 나타나는 것도 같았다. 삼천만 동포 자매 형제여! 붓이 이에 이르매

---

60 존 메릴, 이종찬·김충남 공역, 『한국전쟁의 기원과 진실』, 두산동아, 2004, p. 63.

가슴이 억색抑塞하고 눈물이 앞을 가리어 말을 더 이루지 못하겠다. 바라건대 나의 애달픈 고충을 명찰하고 명일의 건전한 조국을 위하여 한 번 더 심사深思하라."

좌익은 총선 방해를 위해 선거사무소 습격, 면사무소 습격 방화, 경찰관 살해 등 극렬한 저항운동을 펼쳤다. 제주도는 일제시대에 일본을 통해 좌익사상을 접했다. 제주에는 마르크스주의 연구 클럽이 조직되었고, 한국공산당 지부도 결성되었다. 마르크스주의는 섬의 학생들에게 널리 퍼졌다. 존 메릴은 해방 후 제주도민의 80% 정도가 적극 또는 소극적인 남로당 지지자였다고 밝혔다.[61]

남로당 제주지부는 전직 교사이자 학도병으로 일본군에 징집되었던 김달삼이 이끄는 인민유격대를 결성했다. 400여 명의 게릴라, 그 가운데 절반 정도의 무장을 한 이들은 섬 도처에서 조직된 수천 명의 부락 인민자위대의 지원을 받았다. 4월 3일 제주도에서는 '인민유격대'

---

[61] 제주 4·3사태 관련 내용은 상동, pp. 64-69 참조.

라 불리는 게릴라 500여 명이 소총과 검, 낫, 죽창, 사제 수류탄, 폭발물, 곡괭이와 삽 등으로 무장하고 한라산 기지에서 내려와 도내 24개 경찰지서를 습격했다. 이날 공격으로 30여 명의 경찰과 청년단원이 목숨을 잃었다.

미 군정은 1,700여 명의 경찰과 800명 규모의 국방경비대 병력을 제주도로 급파하여 토벌전을 벌였다. 이 소란의 와중에 중도파 정당과 김구, 김규식은 남북한의 좌익세력과 더불어 5·10 총선 저지를 선언하고 남북협상에 나섰다.

4월 3일 시작된 제주도에서의 총선 반대 폭동은 시간이 흐를수록 심각해졌다. 남로당 무장폭동대를 진압하는 과정에서 다수의 주민이 군경에 의해 피해를 당하기도 했다. 4·3사건 기간 중 제주도 인구의 10%에 해당하는 3만 명 정도가 희생되었다는 보고가 있었다.[62]

이처럼 격렬한 소란에도 불구하고 김구는 4월 19일 **남북협상회의**(정식 명칭은 남북조선 제정당 사회단체 대표자 연석회의)를 위해 38선을 넘어 평양으로 갔다.

---

62 제주 4·3사건 관련 부분은 상동, pp. 93-102, 161-167 참조.

제주 4·3 폭동은 남로당이 제주도에서 무장 반란을 일으킨 사건임을 증명하는 자료가 바로 경찰이 노획한 [제주도 인민유격대 투쟁 보고서]다. 이 보고서에 의하면 남로당 제주지부는 1948년 3월 15일 경 북제주군 조천면 신촌리에서 당 상임위원회를 열고 무장 반란 문제를 장시간 논의한 후 표결 결과 13 대 7로 반란을 일으키기로 결정했다. 그들이 밝힌 반란 이유는 "첫째 조직의 수호와 방어의 수단으로, 둘째 단선 단정 반대 구국투쟁의 방법으로 적당한 방법으로 적당한 시간에 전 도민을 총궐기시키는 무장 반격전을 기획 결정"[63]이었다.

또 남로당 중앙위원회가 '제주 투쟁에 대한 격려문'을 보내오자 이에 대한 답신에서 남로당 제주도위원회는 자신들의 투쟁 목표를 다음과 같이 기술하고 있다.

"…우리들은 '조국해방 투쟁사상에 불멸의 금자탑'을 이루는 영예를 실시에 관철할 것을 지표로 하여 망국

---

63 문청송 편, 『한라산은 알고 있다. 묻혀진 4·3의 진상: 소위 제주도인민유격대투쟁보고서를 중심으로』, 제주4·3평화재단, 1995, p. 17; 현길언, 『섬의 반란, 1948년 4월 3일』, 백년동안, 2015, pp. 38-39 재인용.

멸족의 단선 분쇄의 가열한 초소를 죽음으로 지킬 것이며, 통일독립을 우리의 손으로 전취할 때까지 과감히 투쟁할 것을 확언하고 맹세합니다.

1. 남조선노동당 중앙위원회 만세!
2. 조선민주주의인민공화국 만세!"[64]

이 자료로 볼 때 남로당 제주도위원회는 대한민국 정부 수립을 위한 선거를 반대하고 조선민주주의인민공화국을 위한 구국투쟁 차원에서 무장 반란을 일으키기로 결정한 것이다. 흥미로운 사실은 유엔 감시 하에 자주정부를 수립하기 위한 5·10 제헌의원 선거를 제주도의 남로당과 좌익들이 무장 폭동을 일으켜 거부하고 방해한 데 반해, 조선민주주의인민공화국을 수립하기 위한 대의원 선출 지하선거(소위 해주 선거)에는 제주도민 85%가 참가했다는 점이다.[65]

1948년 5월 10일 남한에서 제헌의원 선출을 위한 총

---

[64] 아라리연구회 편, 『제주민중항쟁』, 소나무, 1988, pp. 408-413; 현길언, 2015, p. 45 재인용.
[65] 존 메릴, 2004, pp. 93-102, p. 111.

선이 치러지고 8월 15일 대한민국이 건국되자 북한은 8월 23일부터 25일까지 황해도 해주에서 '조선최고인민회의 대의원 선거를 위한 남조선 인민대표자 회의'라는 긴 이름의 회의를 열었다. 이 회의에서 최고인민회의의 남쪽 대의원 360명을 선출하기 위해 실시한 선거가 소위 해주 지하선거다.

이런 방식으로 선출된 남쪽 대의원 360명과 이미 북에서 선출된 대의원 212명이 1948년 9월 2일 최고인민회의를 열어 인민민주주의 헌법을 제정하고, 9월 9일 조선민주주의인민공화국을 선포했다.

남로당은 5·10 선거가 민족통일정부 수립을 가로막는 단독 선거라고 선동하여 투표를 거부하기 위한 무장폭동을 일으켰다. 그런데 북한의 단독정부 수립을 위한 해주 지하선거에는 적극 참여했다. 이런 증거들로 미루어 보면 남로당이 그토록 원했던 통일정부란 조선인민공화국이었음을 스스로 드러낸 것이다.

15
5·10 총선거와 제주 4·3사건의 관계는?

    1947년 11월 유엔 총회는 '유엔한국임시위원단의 감시 하에 인구비례에 따른 남북 총선거를 실시하고 선출된 대표로 통일정부를 구성한다'라는 안을 채택했다. 소련과 북한은 유엔의 결정을 무시하고 유엔한국임시위원단의 38선 이북 방문을 거절했다. 영토는 북한이 더 넓지만 인구는 곡창지대가 많은 남한에 집중되어 한반도 인구의 약 3분의 2가 거주하고 있었고 이로 인해 인구비례에 따른 선거가 불리했기 때문이다. 상황이 이렇게 되자 의견이 둘로 갈렸다. 그냥 남쪽에서만 하자는 의견과 그렇게 되면 영구 분단이 되니 바람직하지 않다는 의견

대한민국 최초의 근대적 민주선거인 제헌국회의원 선거 포스터.
NARA 소장, 국사편찬위원회 제공.

이었다.

난처해진 유엔한국임시위원단은 유엔 총회의 자문 기관인 소총회에 의견을 물었다. 소련과 동맹국 5개국이 불참한 가운데 소총회는 가능한 지역에서만이라도 선거를 치르는 안을 가결했다. 반대는 캐나다와 호주가 했는데 한반도 전체 선거를 치르기로 한 총회의 결정을 그 하부 기관인 소총회에서 번복할 수 없다는 것이 그 이유였다. 찬성한 쪽은 이미 실권을 넘겨받은 유엔한국임시위원단이 공식적으로 의견을 물었으니 타당하다는 설명이었다. 이 문제를 놓고 또 투표가 실시되었다. 이렇게 해서 최종적으로 38선 남쪽에서의 단독 선거가 결정된다. 선거일은 5월 10일이었다.

선거를 앞두고 남한 전역에서 좌익들의 반대투쟁이 펼쳐진다. 1948년 4월 3일, 남로당 제주도당은 5·10 제헌 선거를 방해하기 위해 4월 3일 새벽을 기해 무장폭동을 일으킨다. 제주도 내 24개 경찰지서 가운데 절반인 12개가 불탔다. 양민들에 대한 무차별한 살해와 방화가 이어지는 가운데 우익의 반격이 시작된다. 이때부터 벌어진 양자 간 학살극은 여순반란 사건(정확히는 여수 반란, 순천 폭동)을 경유해가며 6·25전쟁이 끝나는 순간까지 이어진다.

 4·3 폭동을 일으킨 주역 중 하나인 이덕구는 6월에 사살됐다. 최고 지도자였던 김달삼은 9월의 해주 전全 조선 제諸정당 사회단체 연석회의에 참석하기 위해 제주도를 빠져나가 최고인민회의 대의원으로 선출됐으며 훈장을 받았다. 이어 무장 공비를 이끌고 남파되어 태백산에서 활동하다 1950년 3월 토벌대에 의해 사살됐다.

16
5·10 총선거에서는 친일파가 배제되었다

　북한은 해방 후 친일파를 철저히 청산하여 민족정기를 회복했기 때문에 민족사의 정통성이 자기들에게 있다고 주장해 왔다. 그러나 북한에서 진행된 친일 청산은 체계적인 법령은 물론, 청산에 관한 어떠한 기록도 존재하지 않는 허구였다.

　북한의 친일 청산은 공산주의 체제를 만들기 위해 반공 혹은 민족주의 세력을 탄압하고 재산을 가진 사람으로부터 재산을 빼앗는 과정에서 갖다 붙인 '친일' 혹은 '민족반역자'라는 딱지와, 이들을 축출하기 위한 자의적인 인민재판이 있었을 뿐이다.

대한민국 건국 후, 일제에 협력했다는 죄목으로 체포되어 반민특위로 호송되는 사람들 모습. 북한은 '친일 청산', 남한은 '친일 비호'라는 주장은 완전히 허구임이 밝혀졌다.

북한에서 말하는 '친일 청산'이란 공산 측에 비협조적이고 반공적 태도를 보인 사람들을 숙청한 것이다. 북한에서 친일파와 민족반역자 숙청은 찬탁 반탁 투쟁의 소용돌이 속에서 조만식 등 우익 민족주의 세력과 반탁 세력을 배제하기 위한 투쟁과 결합되었다. 따라서 북한에서는 친일 청산이 철저했던 것이 아니라 민족지도자에 대한 숙청이 철저했다고 해야 정확한 표현이다.[66]

북한은 친일파 처벌 문제를 공산혁명 투쟁의 도구로 삼았다. 때문에 반민족 행위를 저지른 친일파라도 공산 소비에트화에 동참하면 책임을 묻지 않았다. 김일성과 소련 지도부는 권력기관 내에 친일 혐의가 있는 인사들을 묻거나 따지지 않고 대거 등용했다.

대표적인 사례가 일제시대에 도의원을 지낸 강양욱이 북조선임시인민위원회의 서기장을 역임한 것이다. 김일성의 친동생 김영주는 만주에서 일본 관동군 통역이었고, 만주에서 검사장을 하던 한낙규는 북한 검찰총장, 일본 제국군대의 파일럿 출신인 이활은 인민군 공군

---

[66] 류석춘·김광동, "북한 친일청산론의 허구와 진실," 「시대정신」 통권 58(2013년 봄), pp. 244-252 참조.

사령관에 올랐다.[67]

반면에 남한은 5·10 제헌의원 선거를 위한 선거법 제정 과정에서 친일 부역자들의 피선거권은 물론 선거권까지 박탈하는 조항을 삽입시켰다. 제헌의회 구성을 위한 선거법 제2조는 ① 일본 정부로부터 작위를 받은 자, ② 일본제국의회의 의원이 되었던 자 등은 선거권이 없다고 규정했다. 또 선거법 제3조는 ① 일제시대 판임관 이상의 경찰관 및 헌병보 또는 고등경찰의 직에 있었던 자 및 밀정행위를 한 자, ② 일제시대 중추원의 부의장·고문 또는 참의가 되었던 자, ③ 일제시대에 부 또는 도의 자문 혹은 의결기관의 의원이 되었던 자, ④ 일제시대에 고등관으로서 3등급 이상의 지위에 있었던 자 또는 훈 7등 이상을 받은 자 등은 피선거권이 없다고 규정했다(단 기술관 및 교육자는 제외).[68]

류석춘·김광동은 대한민국은 친일파 배제 원칙을 준수하면서 건국되었기 때문에 정부 초대 내각이나 제헌의회 간부에는 친일파로 규정될 수 있는 인사가 참여할

---

67 상동, pp. 252-257.
68 상동, p. 257.

수 없었다고 한다. 따라서 대한민국이 북한보다 상대적으로 친일 청산에 더 적극적이고 철저했으며 합리적이었다는 것이다.[69]

북한이 친일파를 청산하고 항일 민족세력이 건국을 주도했다는 주장은 남한을 공격하기 위한 선동이자 명백한 허위다. 오히려 소련의 지령을 받아 한반도 공산화를 위해 수립한 북조선임시인민위원회는 명백한 소련의 괴뢰정부였다. 1946년 3월 6일 채택된 '북조선 임시인민위원회 구성에 관한 규정'에 의하면 "임시인민위원회의 최대 임무는 소련 사령부의 모든 결정을 실천하는 것"이라고 되어 있었다.[70]

해방 후 이승만을 친일 프레임으로 공격한 것은 소련에 의한 고도의 전략이었다. 북한의 친일 청산은 북조선을 소련의 위성국으로 만들겠다는 목적을 위해 그 방편으로 사용된 것이다. 『평양의 소련군정』의 저자 김국후는 북한의 친일 청산은 소련이 북한에서 소비에트화 혁명을 진행하며 '일제 청산'을 가장 핵심적인 정신 전략으

---

69 상동, pp. 257-258.
70 김영훈, 『분단과 전쟁』, 도서출판 다나, 1994, p. 195.

로 삼은 것에 기인한다고 했다. 또한 저자는 1945년 9월 10일 평양 주둔 소련군정 사령부가 각 지역 위수사령부에 지령한 '독립 조선의 인민정부 수립 요강' 6개 항을 제시했다. 6개 항 가운데 '일제 청산'과 관련된 내용은 다음과 같다.

① 비일본적인 각층 인민을 중심으로 완전한 자주독립 국가를 결성해야 한다. 소비에트연방은 끝까지 노동자 농민정권 수립을 미·영·중에 제안할 것이다.
② 인구수에 비례해 토지를 재분배해야 하며 토착 지주에 대해서는 자기가 경작하지 않는 토지를 몰수한다. 몰수한 일본인 소유 토지는 정부가 농민에게 분배한다.
③ 일본인 소유 공장은 일본적 요소를 없애고 공장 노동자와 기술자가 이를 관리하도록 한다. 기술 부문에서 일본인이 필요한 경우에는 과도적으로 사역하며 시급히 조선인 기술자를 양성한다.
④ 친일 분자는 철저히 소탕하고 각 분야의 불순분자를 엄정하게 숙청할 필요가 있다.

북한에 소련식 공산국가(그들의 표현에 의하면 민주국가)를 건설하기 위해서는 일본 군국주의 세력을 축출, 일본 잔재 사상과 친일 인물을 철저히 소탕하고, 일제에 저항하며 희생적으로 투쟁해 온 혁명세력과 일제 착취 대상인 노동자와 농민을 정치 일선에 내세우는 전략을 수행해야 한다는 것이었다. 이러한 목적을 달성하기 위해 '독립 조선 인민정부 수립 요강'이 지령된 것이다.

　이것을 남한에서 실천에 옮긴 것은 박헌영과 공산당이다. 1945년 10월에 환국한 이승만의 정치적 목표는 귀국 일성인 "뭉치면 살고 흩어지면 죽는다"로 표출된 '대동단결, 자주독립'으로 요약된다. 그런데 당시 서울에 주재하고 있던 소련영사관으로부터 지령을 받은 공산당 지도자 박헌영이 이승만의 노선에 반기를 들었다.

　박헌영은 10월 30일 "통일에는 원칙이 있어야 한다. 덮어놓고 한데 뭉칠 수는 없다. 조선에는 아직도 일제의 잔재 세력이 남아 있다. 친일파를 근절시킨 다음 옥석을 완전하게 가려놓고 순전한 애국자, 진보적 민주주의 요소만을 한데 뭉쳐 통일해야 한다"면서 이승만의 대동단결 노선에 선을 그었다.

이승만이 11월 7일 저녁 라디오 방송을 통해 공산당이 자기에게 부여한 인공의 주석 직을 사퇴한다고 선언하자 박헌영과 공산당들은 이승만을 친일 프레임으로 공격하기 시작했다.

특히 1945년 12월 28일 모스크바 삼상회의에서 한국에 대한 신탁통치가 결정되자 우익 진영은 찬탁을 외치는 조선공산당을 "외세에 의존한 매국적 괴뢰집단"으로 규정했고, 조선공산당은 반탁을 주장하는 우익을 "친일 전력과 반동적 성격을 은폐하려는 정상배들"이라고 공격했다.

1947년 10월 21일 자 「조선일보」에 실린 도쿄발 AP 통신 기사에 의하면 해방 후 북한에서 남하한 조선인 총수는 당시까지 150만에 달하고 있으나 남한에서 북한으로 이동한 조선인은 그 1%(즉 1만 5,000명)에 불과하다고 보도하고 있다. 바로 이들은 북한의 토지개혁 및 공산정권 수립 과정에서 '친일 반동분자'로 낙인찍혀 인종청소 당하듯 월남한 사람들이다.

이들을 친일 반동분자로 규정하여 처벌하는 과정은 죄를 규정한 법도 없고, 죄를 판정할 만한 자격과 능력을 갖춘 재판관도 없이 인민재판을 통해 진행된 소위 '친일파 청산 작업'이었다.

　반면에 남한은 헌법으로부터 권위를 부여받은 법률에 따라 적법한 재판 과정을 거쳐 친일파를 청산했다. 이것이 남과 북의 친일파 청산의 근본적인 차이다.

5·10 총선거 당일 투표소 모습. 국회의원 후보자들의 기호가 아라비아 숫자 대신에 작대기 형태로 표기되어 있는 선거벽보가 보인다. 1948.5.10.

17
5·10 총선거는
작대기 선거였다?

1948년 2월 26일, 유엔 소총회에서 '선거 감시가 가능한 지역' 즉 남한에서만 정부 수립을 위한 총선거를 실시하기로 결정되었다. 유엔의 결의가 있자 미 군정은 유엔한국임시위원단과 협력하여 총선거 실시를 위한 준비 작업에 들어갔다.

미 군정이 5·10 총선거 실시를 성공적으로 추진하기 위해서 행한 여러 가지 입법조치 가운데 가장 중요한 것은 보통선거제도의 도입과 한인의 권리장전 선포였다.

먼저 보통선거제도의 도입에 관해 살펴보자. 기존의 선거법은 1947년 6월 과도입법의원에서 제정된 '입법의

원선거법'으로, 23세 이상은 투표가 가능한 보통선거 방식이었다. 하지만 선거인 등록을 할 때 직접 서명을 해야 하고, 투표 방식은 후보자 이름을 직접 쓰는 자서제自書制 방식이다 보니 수많은 문맹자가 투표에서 배제되었다.

당시 한국 사회의 문맹률은 80%에 가까웠다. 10명 가운데 8명 가까이가 문맹인 상황은 독립국가의 건설이나 민주주의의 실현에 큰 장애로 작용할 수 있었다.[71] 유엔한국위원단은 1월에 이미 이러한 선거법을 검토·개정하는 작업에 들어갔다. 이를 위해 유엔한위는 남한의 개인 및 단체로부터 서신과 인터뷰를 통해 다양한 의견을 청취했다. 특히 균형 있는 여론 수렴을 위해 우익·중도·좌익 인사 대표, 그리고 정치와 무관한 재계, 종교계, 사회단체의 대표 등을 대상으로 한 인터뷰를 통해 선거연령, 문맹자의 투표권, 국회의원 정족수 등에 관한 견해를 조사했다.

---

[71] 해방 당시 문맹률은 약 78%로, 12세 이상의 전체 인구 약 1,052만 명 중에서 약 790만 명이 문자를 해독하지 못했다. 정근식, "자유와 규율: 광복 70년, 교육을 통한 시민 형성," 박명규 외, 『주제어로 본 한국 현대사』, 대한민국역사박물관, 2016, pp. 133-134.

문맹자 투표에 관한 인터뷰 결과를 보면, 인터뷰에 응한 정치인 4인(이승만, 김구, 여운홍, 김성수) 가운데 문맹자 투표에 찬성한 사람은 이승만 하나뿐이었다. 이승만은 "어떠한 종류의 제약도 없는 자유가 최선"이라면서 문맹자 제한 철폐를 주장했다. 나아가 그는 "모든 사람들에게 보편적인 참정권을 부여하고, 엄격하고 민주적인 절차에 따라 선거를 실시함으로써 한국인들의 열망을 실현하도록" 해달라고 유엔한위에 요구했다.[72]

유엔한위는 이 여론조사를 토대로 기존 선거법의 개정을 요구했고, 이에 따라 새로운 국회의원 선거법이 만들어졌다. 1948년 3월에 공표된 이 선거법에서 투표 연령은 23세에서 21세로 낮추어졌다. 글을 전혀 모르는 사람들도 선거를 할 수 있도록 하기 위해서, 선거인 등록 방식은 직접 서명을 하는 방식에서 날인을 하는 방식으

---

[72] 경희대학교 한국현대사연구원, 『유엔한국임시위원단 제2분과위원회 보고서: 한국 측 요인 면담 기록(1948.1.26~3.6)』, 경인문화사, 2018, p. 44, 30. 김구는 문맹자들은 정치에 대해 잘 모른다는 이유를 들어 글을 읽고 쓸 줄 아는 사람에게만 투표권이 주어져야 한다고 주장했다. 여운홍, 김성수도 비문맹자에게만 투표권이 부여되어야 한다고 주장했다. 같은 책, p. 64, pp. 409-418 참조.

로 바뀌었다. 투표도 직접 후보자의 이름을 쓰는 자서제自書制 방식에서 후보자를 골라 표기를 하는 기표제記票制 방식으로 바뀌었다. 이제 문맹자에게까지 선거권이 대폭 확대된 것이다. 실제로 총선거 당일 투표소 모습이 담긴 사진을 보면, 문맹자들도 투표할 수 있도록 국회의원 후보자들의 기호를 아라비아 숫자 대신에 작대기 형태로 표기한 선거벽보가 붙어있다.

이 선거법을 통해 치러지는 최초의 총선거에서 한국인은 남자·여자, 문맹자·비문맹자의 구분 없이 21세 이상이면 누구나 선거권을 가지는 '보통선거'를 단박에 실현할 수 있었다.

5·10 총선거 실시를 추진하면서 미 군정이 행한 두 번째 주요 조치는 한인의 권리장전 선포다. 하지 사령관은 '조선인민의 권리에 관한 포고'를 발포하여 총선거에 참가하는 유권자들의 권리의 법률적 기반을 마련하는 조치를 취했다. 법 앞의 평등, 신체·거주이전의 자유, 언론·출판·집회·결사의 자유, 종교의 자유, 소유권 보장 등 기본권을 규정하는 이 포고는 한국인을 위한 근대적인 권리장전의 성격을 띠었다. 이처럼 미 군정은 보통선

거제도의 도입과 한인의 권리장전 선포를 통해서 한국의 자유민주주의 체제 도입에 결정적으로 기여했다.[73]

또한 미 군정은 총선거가 자유로운 분위기 속에서 진행될 수 있도록 노력을 기울였다. 하지만 미 군정이 총선을 준비하는 동안 남한은 내란에 가까운 혼란 상태를 보였다. 선거를 통해 남한에 정부가 세워지는 것을 막기 위해 좌익들이 선거방해 투쟁을 벌였기 때문이다.

좌익세력 및 그와 연대한 남북협상 동조 세력은 총선을 저지하기 위해서 무장폭동 등 다양한 방법으로 투쟁을 전개했다. 3월 30일부터 선거운동이 시작되자 좌익은 선거사무소 습격, 방화, 선거입후보자에 대한 테러, 경찰관과 우익인사 공격 등을 전국에서 전개했다. 선거인 등록이 시작되자 좌익은 이를 저지하기 위해 유권자들을 회유·협박하고, 선거인 등록업무와 관련된 시설을 파괴하는 무장투쟁을 전개했다. 총선 닷새 전에 남한 좌익은 모든 조직에 총선 파탄 총동원령을 내렸다. 남로당은 투

---

[73] 김용직, "자유민주주의와 방어적 국가형성: 대한민국 초기국가형성 재고, 1945~1950," 대한민국역사박물관 연구용역 최종보고서 [대한민국 정부 수립과 국가체제 구축], 2013.12.16, pp. 102-103.

표 직전인 5월 8일과 9일에 교통·통신 시설 파괴 및 노동자 총파업을 전개하여 국가 마비 상태를 초래하려고 했다.

  남북협상에 동조한 김구와 김규식은 좌익의 극렬한 총선 저지 투쟁을 정치적으로 지원했다. 김구, 김규식과 중도파 세력은 "선거 후 미국은 고등판무관을 두어 남한을 통치할 계획이다.", "선거는 미군 주둔을 연장하기 위한 하나의 술책이다." 등의 거짓 주장을 내세워 대중으로 하여금 선거를 거부하도록 유도했다. 또한 투표일을 며칠 앞두고 평양의 남북협상 회의에서 돌아온 김구와 김규식은 마치 남북협상이 성공한 것처럼 선전하면서 5·10 총선거 거부를 선동하기도 했다. 반면에 이승만을 비롯한 우익 진영은 미 군정과 유엔한위의 선거 진행을 지원하기 위해 노력했다. 이승만은 한국 역사상 최초로 실시되는 민주선거가 모범적인 선거가 되도록 하자고 호소하는 담화를 발표하는 등 국민을 계몽하는 선전활동을 했다. 우익 진영의 정당과 사회단체들도 선거인 등록 및 투표 참여를 유도하기 위한 계몽활동을 전개했다.[74]

선거 당일에 좌익은 투표소 습격, 경찰서 등 관공서 습격, 테러, 경찰관 살해, 살인, 방화, 도로 교량 파괴, 기관차·객화차 파괴, 철도 노선 파괴, 전화선 절단 등 최후의 파괴 공작을 전개했다. 이날 하루에만 경찰관 51명을 비롯해 62명의 관리가 살해되었고, 수백 개의 관공서가 피습되었다.[75]

좌익의 선거 저지 투쟁에도 불구하고 남한 주민들의 정부 수립 욕구가 고조되고, 우익 진영의 선거 보호 노력이 효과를 거두어 5·10 총선거는 성공적으로 진행되었다. 국회의원은 인구 10만 명당 1명을 뽑는 소선거구제로 선출키로 하였고 이에 따라 북한 인구 1천만 명에 해당하는 국회의원 100명의 의석은 남겨둔 채, 남한 인구 2천만 명에 해당하는 국회의원 200명을 선출하기로 되어있었다. 제주도 3개 선거구 가운데 2개에서 좌익의 폭동으로 인해 투표가 실시되지 못했을 뿐, 전국적으로 압

---

74 한국현대사학회 현대사교양서팀, 『대한민국을 만들다』, 기파랑, 2012, pp. 78-81.
75 유동열, "이승만과 반공의 당위성," 인보길 엮음, 『이승만 다시 보기』, 기파랑, 2011, p. 204; 상동 pp. 80-81.

5·10 총선거 당일 아침 7시경, 주민들이 투표를 하기 위해 투표소에 줄지어 서 있다. 5·10 총선거는 UN 감시 하에 치러졌다. NARA 소장, 국사편찬위원회 제공.

도적 다수의 유권자들이 투표에 참여했다. 남한의 총 유권자 983만 명 중 783만 명이 등록했고, 그 중 703만 명이 투표함으로써 71.6%라는 높은 투표율을 보였다.[76]

이날 투표에 의해 당선된 198명의 국회의원(무소속 85명, 독립촉성국민회 54명, 한민당 29명, 대동청년단 12명, 기타 군소 정당·단체 소속 18명) 가운데 무소속 당선자 수가 매우 많았다는 사실이 5·10 선거가 공명하고 자유로운 분위기 속에 진행되었음을 말해준다. 선거를 감시했던 유엔한국임시위원단의 보고서도 5·10 선거가 상당히 자유로운 분위기가 보장된 가운데 진행되었고, 투표 결과는 선거인들의 자유의사의 표현이었다고 긍정적으로 평가했다.[77]

---

[76] 이주영,『대한민국의 건국과정』, 건국이념보급회 출판부, 2013, p. 128.
[77] 한국현대사학회 현대사교양서팀, 2012, pp. 81-82.

1948년 7월 24일에 중앙청 광장에서 열린 초대 정·부통령 취임식. 이승만은 국회의원 196명 가운데 180명의 압도적 지지를 얻어 대통령으로 당선되었다.

18
초대 대통령 선거 결과는?

1948년 5월 31일 5·10 선거로 탄생한 한민족 최초의 국회가 열렸다. 개원식에 이어서 실시된 정·부의장 선거에서 이승만은 재적의원 198명 중 188표라는 압도적 다수의 지지로 국회의장으로 선출되었다. 부의장에는 신익희와 김동성이 선출되었다.

원院 구성을 마친 국회는 헌법 제정에 착수했다. 6월 3일 국회는 30명의 의원들로 '헌법 및 정부조직법 기초위원회'를 구성하고 이 기초위원회를 도와서 헌법과 정부조직법 초안을 작성할 10명의 전문위원을 위촉했다.

헌법을 제정하는 과정에서 우선 국호를 무엇으로 할

것인가를 정해야 했다. 이승만의 독립촉성국민회 소속 위원들은 '대한민국'을 국호로 할 것을 주장하고, 김성수의 한국민주당 소속 위원들은 '고려공화국'을 주장했다. 기초위원회는 이를 투표에 부쳐 17표를 얻은 '대한민국'이 '고려공화국'(7표), '조선공화국'(2표), '한국'(1표)을 제치고 새 나라의 국호로 결정되었다.

헌법 제정 과정에서 가장 문제가 된 것은 정부 형태였다. 한국민주당과 무소속 의원들은 6월 11일, 의원내각제 정부 형태를 채택하기로 결정했으나 이승만과 독립촉성국민회가 대통령중심제 채택을 촉구하면서 서로 대립했다. 6월 22일 기초위원회는 대통령중심제를 받아들이되, 의원내각제의 요소도 남아있는 헌법 초안을 확정했다. 예를 들면, 국무총리제를 두고 그 임명을 국회가 인준하도록 한 것이다.

헌법 초안은 국회 본회의에서 심의를 거쳐 통과되었다. 7월 17일 국회의사당에서는 헌법과 정부조직법을 공포하는 의식이 거행되었다. 역사상 처음으로 우리가 자주적으로 만든 민주헌법을 가지게 된 것이다.[78]

헌법 제정을 마친 국회가 다음으로 해야 할 일은 정·

부통령을 선출하는 것이었다. 헌법에 따르면 정·부통령은 국회에서 재적의원 3분의 2 이상 출석과 출석의원 3분의 2 이상의 찬성으로 선출하도록 되어 있었다. 이보다 약 한 달 전인 6월 23일 실시한 여론조사에서 대통령에 적합한 인물 1위를 차지한 것은 이승만이었다. 조선여론협회가 서울 시내 다섯 곳에서 2,500명을 대상으로 초대 대통령으로 누가 적합한지를 조사했는데, 1위는 1,024표(40.9%)를 얻은 이승만이었고, 2위는 568표(22.7%)를 획득한 김구였다.[79]

하지만 2위를 차지한 김구는 7월 20일에 남한 단정에 참여하지 않을 것이라는 성명을 발표했다. 이는 국회에

---

78 소련이 만들어준 헌법을 그대로 받아들인 북한과 달리, 남한은 미국의 도움이나 개입이 없이 스스로의 힘으로 헌법을 만드는 데 성공했다. 이주영, 『대한민국의 건국과정』, 건국이념보급회 출판부, 2013, p. 132.

79 3위와 4위는 각각 118표(4.7%)와 89표(3.5%)의 지지를 받은 서재필과 김규식이었다. 이택선, '대통령에 이승만, 부통령은 이시영… 臨政 법통 계승', 「조선일보」, 2018.7.25. 이보다 약 2년 전인 1946년 7월, 조선여론협회가 서울의 사람들이 가장 많이 다니는 장소 세 군데에서 6,716명을 대상으로 "누가 초대 대통령이 될 것인가?"를 묻는 여론 조사를 실시한 결과 이승만은 30% 가까이 득표하여 10% 가까이 득표한 김구, 김규식, 여운형을 압도한 바 있었다. 유영익, 『건국대통령 이승만: 생애·사상·업적의 새로운 조명』, 일조각, 2013, pp. 71-72.

서 있을 정·부통령 선거에서 자신에게 투표하지 말라는 부탁이었다.

이러한 김구의 태도는 장제스가 이끄는 중국국민당 정부를 당황하게 하는 것이었다. 중경 임시정부를 도왔던 장제스는 해방 후 임시정부 세력이 한반도에서 권력을 잡기를 바라고 있었다. 그런 까닭에 장제스는 유엔한국임시위원단 중국 대표인 류위완劉馭萬을 통해 김구에게 새 정부에 참여해서 이승만과 협력할 것을 강력히 권고했다. 하지만 김구는 분단정부에는 참여하지 않겠다고 입장을 분명히 했다. 7월 11일 류위완이 김구를 방문해 면담한 기록에 따르면, 김구는 남북협상 회담을 위해 평양에 갔을 때 본 북한의 군사력이 너무나 강해서 남한에 정부가 세워지더라도 오래가기 어려울 것으로 전망했던 것 같다.[80]

7월 20일 국회에서 참석 의원 196명 가운데 180명의 압도적 지지를 얻어 이승만이 대통령으로 당선되었다. 차점자인 김구는 13표를 얻었고, 안재홍은 2표, 서재필

---

[80] 이주영, 2013, p. 133.

은 1표를 얻었다.

부통령 선거는 2차 투표까지 실시한 끝에 중경 임시정부에서 법무총장과 재무총장을 지낸 이시영이 당선되었다. 1차 투표 결과 이시영은 113표를 얻고, 김구가 65표를 얻어 각각 1, 2위를 기록했다. 하지만 당선에 필요한 132표를 얻은 후보가 없어 2차 투표가 실시되었다. 2차 투표에서 이시영이 133표를 얻어 62표를 얻은 김구를 누르고 부통령으로 당선되었다.

해방 후 3년의 정치사를 보면, 남한 정치 지도자 가운데 줄곧 동일한 정치노선을 견지한 지도자는 좌우 진영을 통틀어 이승만 한 명뿐이었다. 그는 해방 후 귀국하면서 줄곧 민족의 대동단결, 자주적인 정부 수립, 남한의 공산화 방지를 주장해왔다. 이승만이 자신의 정치노선을 변함없이 견지하고 실천한 덕분에 1948년 8월 15일에 마침내 대한민국이 수립될 수 있었다. 만일 이승만이 일관된 입장을 견지하지 않았더라면 대한민국의 건국은 미국의 정책 변화나 미·소 간의 거래, 그리고 남한 정치세력들의 이합집산에 따라 표류했을 가능성이 크다. 그런 점에서 이승만이 대한민국의 초대 대통령에 선출된

것은 극히 당연한 일이었다.[81]

대통령 선거에서 이승만이 획득한 180표는 중도파 및 한독당 소속 국회의원들도 대부분 이승만을 이 나라 최고 정치 지도자로 인정하고 있었음을 보여준다. 부통령 선거에서 김구에게 지지표를 보낸 60명 이상의 국회의원들은 대체로 중도파 및 한독당 소속이라고 볼 수 있는데, 그들 대부분이 대통령 선거에서는 이승만을 지지했던 것이다.[82]

7월 24일 중앙청 광장에서 대한민국 초대 정·부통령 취임식이 열렸다. 이승만 대통령은 취임사에서 9월에 파리에서 열릴 제3차 유엔 총회에서 대한민국이 승인을 받을 수 있도록 노력하겠다고 다짐했다. 신생독립국가인 대한민국이 정식 승인을 받기 위해서는 유엔의 승인이 무엇보다도 중요했기 때문이다. 또한 이승만 대통령은 평화적 남북통일을 역설했다. 북한의 공산주의자들이 소련에 붙어 자기 나라를 파괴하는 반역 행동을 그만두

---

[81] 양동안, 『대한민국 건국사』, 건국대통령이승만박사기념사업회, 1998, pp. 605-606.
[82] 상동, p. 605, 주9.

고 대한민국과 보조를 맞추어 평화적 남북통일을 이루자는 것이 그 요지였다.

북한 초대 내각. 김일성을 가운데 놓고 1948년 9월 9일 출범과 함께 찍은 기념사진이다. NARA 소장, 국립중앙도서관 수집 자료.

19
앞장서 친일파를 등용한 김일성

친일 문제가 다시 불거진 것은 80년대다. 80년대 민족해방 계열의 운동권은 민족 자주를 외치며 친일파 문제를 다시 수면 위로 끌어올렸다. 별로 새로울 것도 없는 박정희의 만주군관학교 경력이 도마에 올랐고 이와 대비하여 북한의 친일파 청산이 모범 사례처럼 제기됐다. 북한은 친일 문제에 단호했던, 민족의 정기가 살아있는 정권이라는 주장이었다. 북한에 대한 정보가 부족했던 시절이라 이 주장은 마치 역사적 사실처럼 통용됐다. 새빨간 거짓말이었다.

당장 북한 초대 내각 명단만 봐도 설명이 필요 없다.

물론 북한도 친일파 청산이란 걸 하기는 했다. 그러나 북한의 친일 청산은 국내의 정치적 기반이 취약했던 김일성이 정치적 필요에 따라 자신에게 적대적이거나 반공산주의 이념에 동조하는 세력들을 가차 없이 처단하는 명분에 불과했다. 공산화 과정에서 벌어진 인권유린을 정당화하면서 거기에 친일 청산이라는 이름을 붙였던 것이다. 대표적인 예가 조만식에게 '일제가 항복 직전 그를 석방한 것은 일본 첩자였기 때문'이라는 누명을 씌우고 연금한 것이다.

그렇다면 북한은 초대 내각의 이 수많은 '친일 분자'에게 어떻게 면죄부를 주면서 대중을 기만했을까. 북한 전문가인 브라이언 마이어스 부산 동서대 교수의 글에는 "1981년 북한에서 발행된 한 역사책에는 위대한 수령 김일성 동지께서 지난날 공부나 좀 하고 일제 기관에 복무하였다고 하여 오랜 인텔리들을 의심하거나 멀리하는 그릇된 경향을 비판 폭로하시면서 오랜 인텔리들의 혁명성과 애국적 열의를 굳게 믿으시고 그들을 새 조국 건설의 보람찬 길에 세워 주시었다"라는 문장이 나온다. '새 조국'이라는, 김일성 공산독재 수립에 협력적인 인사

김영주	북한 부주석, 북한 내 당시 서열 2위, 김일성 동생 (일제 헌병 보조원)
장헌근	북한 임시인민위원회 사법부장, 당시 서열 10위 (일제 중추원 참의)
강양욱	북한 인민위원회 상임위원장, 당시 서열 11위 (일제하 도의원)
이승엽	남조선 로동당 서열 2위 (일제 식량수탈기관인 '식량영단' 이사)
정국은	북한 문화선전성 부부상 (아사히 서울지국 기자, 친일밀정, 일본간첩출신)
김정제	북한 보위성 부상 (일제하 양주 군수)
조일명	북한 문화선전성 부상 (친일단체 '대화숙' 출신, 학도병 지원유세 주도)
홍명희	북한 부수상 (일제 임전대책협의회 가입 활동)
이 활	북한 인민군 초대 공군사령관 (일제 일본군 나고야 항공학교 정예 출신)
허민국	북한 인민군 9사단장 (일제 일본군 나고야 항공학교 정예 출신)
강치우	북한 인민군 기술 부사단장 (일제 일본군 나고야 항공학교 정예 출신)
최승희	일제하 친일단체 예술인 총연맹 회원
김달삼	조선로동당 4·3사건 주동자 (일제 소위)
박팔양	북한 노동신문 편집부장 (친일기관지 만선일보 편집부장, 문화부장)
한낙규	북한 김일성대 교수 (일제하 검찰총장)
정준택	북한 행정10국 산업국장 (일제하 광산지배인 출신, 일본군 복무)
한희진	북한 임시인민위원회 교통국장 (일제 함흥철도 국장)

들에게는 과거를 묻지 않겠다는 얘기다.

　북조선임시인민위원회는 1946년 3월 7일, 모두 15조로 되어 있는 '친일파, 민족반역자에 대한 규정'을 가결한다. 하나같이 자의적이고 불명확해서 갖다 붙이기 나름인 이 법령의 부칙은 이렇다. '이상의 조항에 해당한 자로서 현재 나쁜 행동을 하지 않는 자와 건국사업을 적극 협력하는 자에 한하여서는 그 죄상을 감면할 수도 있다.' 참 많이도 감면했다.

20
대한민국 초대 내각은 친일 내각?

　기회주의가 득세하고 정의가 패배한 나라. 어떻게든 대한민국에 흠집을 내고 싶어 하는 인간들의 역사관이다. 이들에게 대한민국은 친일파가 득세하고 그 자손들이 떵떵거리며 살고 있는 적폐의 나라인 것이다. 당연히 이들은 대한민국의 탄생 자체에도 친일이라는 딱지를 붙이고 싶어 안달이다. 그래서 대한민국 초대 내각이 친일파 일색이라는 날조 행각을 벌였다. 반박할 가치도 없다. 독립운동 '빵잽이'만 넷이다. 내각의 명단과 이력을 보여주는 것으로 끝!

대한민국 초대 내각이다. 왼쪽 두 번째 줄부터 시계 방향으로 윤석구 체신부 장관, 김동성 공보처장, 민희식 교통부 장관, 유진오 법제처장, 장택상 외무부 장관, 조봉암 농림부 장관, 김도연 재무부 장관, 윤치영 내무부 장관, 이승만 대통령, 이범석 국방부 장관-국무총리 겸임, 이인 법무부 장관, 안호상 문교부 장관, 임영신 상공부 장관, 전진한 사회부 장관. 다리를 꼬고 앉은 장택상의 모습이 이채롭다. 연세대학교 이승만 연구원 소장·제공.

부통령 이시영	상해임시 정부 재무총장
국회의장 신익희	임시정부의 내무총장
대법원장 김병로	항일변호사
국무총리 이범석	광복군 참모장
외무장관 장택상	청구구락부 사건으로 투옥
내무장관 윤치영	흥업구락부 사건으로 투옥
재무장관 김도연	2·8독립선언을 주도하여 투옥
법부장관 이인	항일 변호사
농림장관 조봉암	공산주의 독립 운동가
상공장관 임영신	독립 운동가, 교육자
사회장관 전진한	노동운동가
교통장관 민희식	교통전문가
체신장관 윤석구	교육 사회운동가
무임소장관 이청천	광복군 총사령관
무임소장관 이윤영	북한에서 항일 기독교 목사로 일했고 조만식 선생의 제자
국회부의장 김동원	수양동우회 사건으로 투옥
국회부의장 김약수	사회주의 독립운동가

1948년 8월 15일 중앙청 광장에서 열린 대한민국 정부 수립 선포 기념식. 이승만 대통령은 이날 기념사에서 "오늘 거행하는 이 식(式)은 우리의 해방을 기념하는 동시에 우리 민국이 새로 탄생한 것을 겸하는 것"이라고 말했다.

NARA 소장, 국사편찬위원회 제공.

21
1948년 8월 15일, 마침내 대한민국을 세우다!

　1948년 5월 10일 총선거라는 국민의 자유의사의 표현을 통해서 대표가 선출되었고, 이들 대표들로 국회가 구성되었다. 국회는 새로운 헌법을 채택하고 이를 7월 17일 공포했다. 또한 국회는 정부조직법을 통과시키고 정부 수립에 착수하여 이승만을 대통령으로, 이시영을 부통령으로 선출했다. 이승만 대통령은 각료 인선을 마친 후 8월 6일 유엔한국위원단에게 정부 수립을 정식으로 통보했다.[83]

　내각이 구성되어 정부 수립의 모든 절차가 완료되자 1948년 8월 15일 중앙청 광장에서 대한민국 정부의 수립을 선포하는 기념식이 열렸다. 이날의 기념식은 해방을 기념하는 동시에 대한민국이 새로 탄생한 것을 겸하여 경축하는 것이었다.

이날 기념사에서 이승만 대통령은 새 정부가 무엇보다도 민주주의를 지켜나갈 것을 약속했으며, 민주정체의 기본 요소는 개인의 근본적 자유를 보호하는 것이라고 정의했다. 그리고 남북 통일정부가 세워지지 못한 것은 소련이 유엔한국임시위원단으로 하여금 북한에서 선거를 치르지 못하게 했기 때문이므로 앞으로 소련에게 정당한 선거 절차를 요구할 것이라고 밝혔다.[84]

1948년 8월 15일 오전에 대한민국 정부 수립이 공식 선포되고, 이날 밤 12시를 기해 대한민국 정부가 미 군정청美軍政廳으로부터 통치권, 곧 주권을 이양 받음으로써 대한민국의 건국이 완료되었다.[85]

1948년의 대한민국 건국은 새로운 독립국가의 건설

---

83 김영호, "대한민국의 건국외교: 정부 승인과 외교 기반 구축," 대한민국역사박물관 연구용역 최종보고서 [대한민국 정부 수립과 국가체제 구축], 2013, pp. 199-200.

84 이주영, 『대한민국의 건국과정』, 건국이념보급회 출판부, 2013, pp. 135-136.

을 넘어 실로 혁명적인 민주주의 체제의 출발이었다. 우리 민족사에서 의회민주주의가 언제 시작되었는가, 국민주권에 따른 근대적 민주공화제가 언제 시작되었는가, 다른 나라에서 수백 년에 걸쳐 확대되어온 참정권이 언제 전면적으로 주어졌는가를 되새겨보면 대한민국 건국이 얼마나 위대한 민주혁명이었는가를 알 수 있다. 미국에서 흑인이 실질적으로 투표권을 행사한 것은 1960년대였고, 스위스 여성은 1971년에야 투표권을 얻었다. 하지만 우리는 높은 문맹률과 낮은 경제수준, 그리고 대륙으로부터 덮쳐오는 공산주의의 침략과 안보위협에도 불구하고 1948년의 첫 선거에서부터 보통선거를 실시했다. 1948년의 건국으로 수백 년의 민주주의 역사를 지닌 서구 국가들과 거의 차이가 없는 수준의 민주주의 제도가 작동하기 시작한 것이다.[86]

이러한 우리의 민주혁명은 주변의 다른 나라들이 흉

---

85 양동안, 『대한민국 '건국일'과 '광복절'고찰』, 백년동안, 2016, p. 27. 미군정은 이날 밤 자정을 기해 공식 폐지되었다. 양동안, 『대한민국 건국사』, 건국대통령이승만박사기념사업회, 1998, p. 614.
86 김광동, "'소련 위성국' 막아낸 세계 유일의 인물," 인보길 엮음, 『이승만 다시 보기』, 기파랑, 2011, p. 133.

내조차 내기 어려운 것이었다. 우리와 같은 시기에 '인민민주주의'를 내걸고 출발했던 북한은 지금까지 민주주의는커녕 반反 문명 상태에 머물러있다. 중국은 안보위협이 없고 경제성장이 지속되는데도 아직 선거도 없이 공산당 독점이 계속된다. 경제번영이 계속된 홍콩과 싱가포르조차도 민주주의를 꽃피우지 못하고 있다. 이를 보면 우리가 얼마나 어려운 시대에 얼마나 훌륭한 민주주의를 시작했는가를 알 수 있다.[87]

대한민국 건국의 또 다른 의의는 공산주의를 막아내고 자유민주주의 체제를 지켜냈다는 사실이다. 제2차 세계대전 후 승전국의 일원이 된 소련은 주변 국가 모두에 공산주의의 길을 걷도록 강요했다. 동독, 폴란드, 헝가리 등 유럽 국가에서부터 우크라이나, 우즈베키스탄 등 중앙아시아 국가들, 그리고 중국, 베트남, 몽고, 북한에 이르기까지 서유럽을 제외한 유라시아 전역이 공산화되고 말았다. 그것이 소련이라는 공산 제국주의 국가 주변에 있던 모든 나라의 운명이었다. 당시 상황에서 공산주의

---

[87] 상동, p. 134.

의 확장이란 주변 국가에겐 쓰나미와 같은 것이었다. 그러나 대한민국은 그 공산주의의 쓰나미를 헤치고 자유민주주의 체제를 지켜낸 유라시아 대륙 동쪽의 유일무이한 나라였다.[88]

우리 민족의 독립이 일본 군국주의라는 전체주의의 극복으로 가능했다면, 대한민국의 건국은 공산주의라는 전체주의를 막아냄으로써 가능했다.[89] 국내 좌익 및 북한 공산세력은 대한민국의 건국을 저지하기 위한 반대투쟁을 집요하게 전개했다. 공산세력은 제주 4·3사건 등을 일으켜 5·10 선거를 저지하려 했으나 대한민국은 이러한 공산주의의 도전을 극복하고 1948년 8월 15일 마침내 건국되었다. 대한민국은 애초부터 공산주의자들과 싸우며 건국을 이루어낸 것이다. 대한민국 건국은 무거운 바위를 산 정상으로 끌어올리듯 혼신의 힘을 들여 이루어낸 힘든 과업이었다.[90]

---

88 상동, pp. 134-135.
89 상동, p. 132.
90 박효종, "민주주의 발전과 국가 정체성의 훼손," 차하순 외, 『한국현대사』, 세종연구원, 2013, p. 310.

1949년 8월 15일 거행된 대한민국 독립 1주년 기념식. 식장에 써 붙인 '대한민국 독립 1주년'이라는 글귀는 이로부터 1년 전인 1948년 8월 15일에 대한민국이 수립되었음을 보여준다. 식장 맨 위에도 '한번뭉처 民國樹立(민국수립) 다시뭉처 失地回復(실지회복)'이라는 글귀가 쓰여 있다.

NARA 소장, 국사편찬위원회 제공.

22
건국을 기념하지 않는 나라, 대한민국

세계의 많은 국가들은 그 국가가 세워진 날을 기념한다. 미국은 7월 4일을 독립기념일Independence Day로, 중국은 10월 1일을 중화인민공화국 창건일로 정해 매년 기념한다. 대한민국은 언제 건국되었는가? 그리고 그날을 왜 기념하지 않는가?

1948년 대한민국의 건국은 유엔의 결의를 따른 것이었다. 그 과정은 자유총선거, 국회 구성, 헌법 제정, 그리고 정부 수립의 4단계로 진행되었다. 그러므로 1948년 8월 15일에 정부 수립이 선포되었다는 것은 4단계의 건국 과정 가운데 마지막 작업이 이루어졌음을 의미하는 것이므로 건국이 완료되었음을 뜻한다. 따라서 '정부 수립'은 곧 '건국'이었다. 당시의 한국인들에게 '정부 수립'은 '독립', '건국'과 동일한 뜻이었다.[91]

하지만 최근의 한국사 교과서는 대부분 대한민국의 건국을 부정한다. 1차에서 6차 교과서까지는 모두 대한민국의 '수립', '성립'이라는 용어를 써서 대한민국이 1948년 8월 15일에 건국되었음을 인정한다. 하지만 2003년에 〈한국 근·현대사〉라는 검정 교과서가 생기면서 건국을 '정부 수립'으로 격하시키기 시작했다. 여기에는 대한민국은 한반도에 세워진 두 개의 '정부' 가운데 하나일 뿐 국가가 아니라는 인식이 깔려있다. 대한민국은 분단의 단초를 제공했기에 "차라리 세워지지 말았어야 하는 나라"라는 좌파들의 역사 인식이 교과서에 고스란히 반영된 것이다.[92]

현행 한국사 교과서는 건국에 대해 어떻게 서술하

---

[91] 양동안, "대한민국은 언제 건국되었는가," 대한민국사랑회 제1회 학술세미나 자료집 「왜 우리는 건국을 기념하지 않는가」, 2010.11.17., p. 63; 이영훈, "건국 기억의 60년간의 발자취," 이주영 엮음, 『대한민국은 왜 건국을 기념하지 않는가』, 뉴데일리, 2011, p. 103.

고 있는가? 2013년에 검정을 통과한 교과서 8종 가운데 7종이 1948년 8월 15일에 대한민국 정부가 수립되었다고 서술한 반면, 교학사 교과서만 유일하게 대한민국이 '건국'되었다고 서술했다. 그러자 교육부는 '건국' 표현을 문제 삼고 이를 '정부 수립'으로 수정하라고 지시했는데, 그 근거자료로 내놓은 것이 '다양한 건국 기점설'이다. 대한민국 건국의 기원이 대한민국 임시정부 건국 기점설(1919년), 대한제국 건국 기점설(1897년), 고조선 건국(개천)설 등 다양하므로 '건국'은 "아직 더 논의해야 할 사안"이라는 것이다. 1948년 건국을 부정하기 위해서 교육부가 기원전 2333년 단군 조선 건국이 대한민국 건국이라는 주장까지 늘어놓자 한 원로 기자는 "기자 생활

---

92 이들 교과서는 이처럼 대한민국의 정통성을 부정하면서 반대로 북한의 독재체제에 대해서는 아무런 비판도 하지 않는다. 금성출판사 〈한국 근·현대사〉의 경우, 1987년 이전의 모든 정권을 '독재'라고 13번이나 비판하면서도 북한에 대해서는 단 한 번도 '독재'라는 단어를 쓰지 않는다. 말하자면 이들 교과서의 반 대한민국 성향과 친 북한 성향은 동전의 양면과 같은 것이다. 정경희·강규형, "2013검정 고등학교 한국사 교과서의 서술 분석: 교육부의 수정 과정을 중심으로," 「사회과교육」 54:1, 2015, pp. 118-126. 보다 상세한 내용은 정경희, 『한국사 교과서 무엇이 문제인가: 고등학교 한국사 교과서 근현대사 서술 분석』, 비봉출판사, 2015 참조.

44년간 공무원으로부터 들은 최악의 망언"이라고 이를 질타했다.

그런데 이들 고등학교 한국사 교과서 대부분은 남한에는 '정부'가 세워졌다면서, 북한에는 '국가'가 세워졌다고 쓰고 있다. 예를 들어, 동아출판사 〈한국사〉는 "남한만의 총선거"를 통해 남한에는 '정부'가 수립되고, 북한에는 남북한 전체 선거를 통해 "조선민주주의인민공화국"이라는 '국가'가 수립되었다고 쓰고 있다. 북한의 선거가 남북한 전체에서 치러진 선거였다는 서술이 그릇된 것임은 물론이다. 더욱이 이 서술은 대한민국이 아닌 북한에 우리 민족국가의 정통성이 있다고 해석될 소지가 있다.[93]

2018년 8월 15일 대한민국은 건국 70주년을 맞이했으나 문재인 정부는 이날을 '광복 73주년이자 대한민국 정부 수립 70주년'이라고만 표현했다. 경축사에서 '대한민국 건국'이라는 용어는 아예 운도 띄우지 않았다.

그런데 대한민국이 처음부터 이처럼 '생일 없는 국

---

[93] 정경희·강규형, 2015, pp. 124-125.

가'였던 것은 아니다. 1949년 8월 15일은 제1회 독립기념일이었다. 그날 정부가 주도한 '독립 1주년 기념식'에서 이승만 대통령은 오늘은 "민국 건설 제1회 기념일"이라고 그 성격을 명확히 규정했다. 모든 정당과 신문은 독립 1주년 기념 성명을 발표하고, 기념 기사를 보도했다. 1949년 8월 15일에 독립 1주년이 되었다는 것은 그 1년 전인 1948년 8월 15일에 독립·건국되었음을 의미한다.[94]

이후 대한민국이 1948년 8월 15일에 건국되었다는 사실, 즉 대한민국의 건국일이 1948년 8월 15일이라는 사실은 논란의 여지가 없었다. 그러던 것이 이른바 '민주화 시대'에 접어든 1980년대 말부터 대한민국 건국사를 부정하면서 한민족 근현대사의 정통성이 북한에 있다고 보는 역사관이 확산되기 시작했다. 좌익 운동권이 대한민국의 정통성을 부정하기 위한 '투쟁'의 일환으로 대한민국을 부정적 시각에서 서술한 한국 현대사 책들을 대

---

[94] 이영훈, 2011, p. 59; 민주국민당 김성수 당수와 신생회 대표 안재홍은 독립기념일 담화에서 각각 대한민국의 '독립', '건립' 1주년을 경축했다. 상세한 내용은 양동안, 『대한민국 '건국일'과 '광복절' 고찰』, 백년동안, 2016, pp. 13-14, 149-151을 참조.

량으로 쏟아내면서 대한민국의 '독립'이나 '건국'이라는 용어 사용을 기피하는 경향도 확산되었다.[95]

그런데도 1998년에 들어선 김대중 정부는 1948년의 '제1의 건국'을 인정하고 기념할 수밖에 없었다. 또 하나의 건국이라 부를 정도로 국정 전반에 일대 개혁을 추구하려고 했던 김대중 정부가 개혁의 슬로건으로 '제2의 건국'을 택했기 때문이었다. 김대중 정부가 '정부 수립 50주년'을 경축하기 위해 마련한 다양한 행사에서 정부가 발행한 각종 인쇄물은 '대한민국 50년' 또는 '건국 50주년'으로 표시되면서 1948년의 건국을 명확히 인정했다.[96]

하지만 대한민국 건국사를 부정하는 경향은 날이 갈수록 거세졌다. 2008년 새로 들어선 이명박 정부는 그해 광복절을 '건국 60주년'으로 경축하기 위해 '대한민국 건국 60주년 기념사업위원회'를 설치하고 각종 기념사업을 추진했다. 그러자 민주당 국회의원들은 시민단체 등과 합세하여 대한민국은 1948년에 건국된 것이 아니라

---

95 이영훈, 2011, p. 81; 양동안, 2016, p. 14.
96 이는 민간이 주최한 행사에서도 마찬가지였다. 이영훈, 2011, pp. 83-86.

1919년에 건국되었다고 주장하였고 정부에 대해 '건국 60주년'이란 용어를 사용하지 못하도록 압력을 가했다. 이를 위해 강기갑 등 야당 국회의원들과 그에 동조하는 시민단체 대표 등 74명은 헌법재판소에 '건국 60주년'을 기리는 각종 행사가 위헌이라는 헌법소원을 제기했다.[97]

이 대통령은 '건국 60주년' 경축식에서 건국 이후의 역사를 '기적'과 같은 것이었다고 높이 평가했다. 하지만 민주당을 비롯한 야당들은 이날 정부 공식행사에 불참하고, 백범기념관에서 별도로 기념식을 가졌다. 그런 야당의 행동은 10년 전 그들이 집권 세력으로서 주도한 김대중 정부의 '제2의 건국 운동'과 명백히 배치되는 것이었다.[98]

2008년 11월, 헌재는 민주당을 비롯한 야당 의원들과 시민단체 등이 제기한 헌법소원을 재판부 전원 일치로 기각했다. 하지만 행정부 관리들은 이후 '건국'이라는 용어의 사용을 회피했으며, 언론매체도 이에 동조했다. 심각한 것은 교과서에서도 대한민국 건국일이 실종되고

---

[97] 상동, p. 97, 45, 99; 양동안, 2016, pp. 14-15.
[98] 이영훈, 2011, pp. 97-98.

1998년 8월 15일 김대중 정부가 거행한 광복절 기념식. 이날 내걸은 "대한민국 50년—제2의 건국"이라는 현수막은 대한민국이 1948년 8월 15일에 건국되었음을 보여준다.

말았다는 사실이다. 앞에서 보았듯이, 한국사 교과서는 고려, 조선 등 우리 민족이 과거에 세운 국가들의 건국연도는 다 써놓았으면서, 우리 민족의 현재 국가인 대한민국의 건국일만 쓰지 않았다. 그래서 국민 대다수가 대한민국의 건국일을 모르게 된 것이다. 이렇게 해서 대한민국은 건국일을 잃어버렸고, 오늘날 '생일 없는 인간'처럼 초라한 국가로 전락했다.[99]

생일을 잃어버린 대한민국의 국민은 자신의 생일을 찾기 위해 지금부터 무엇을 해야 할 것인가.

---

[99] 양동안, 2016, p. 15.

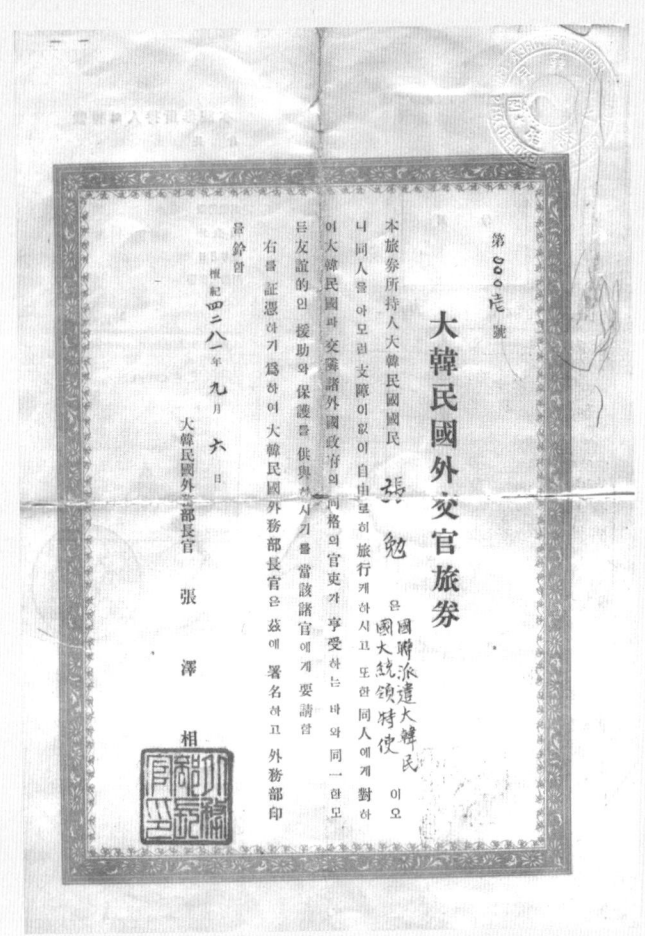

1948년 8월, 이승만 대통령은 장면을 수석대표로 하는 특사단을 파리로 파견, 대한민국의 유엔승인외교를 펼쳤다. 사진은 당시 수석대표 장면에게 발급되었던 제1호 대한민국 외교관 여권. 운석장면기념사업회 소장·제공.

23
대한민국 외교관 여권 제1호는?

1948년 8월 15일 대한민국이 건국되자 북한은 8월 25일 최고인민회의 대의원 선거를 실시하고 2주 후인 9월 9일, 김일성을 수상으로 하는 조선민주주인민공화국 수립을 선언했다. 북한도 정부 수립을 선언하면서 38선을 사이에 두고 남북한은 서로 자기들이 한반도 유일의 합법정부라고 주장하는 상황이 됐다. 따라서 국제적 승인의 획득 여부가 정통성 확보와 국가 생존을 위한 최우선 과제로 부상했다.

이승만은 대한민국 건국이 공포되기 나흘 전인 1948년 8월 11일, 유엔에서 대한민국의 승인을 받기 위해 장면을 수석대표로 하여 장기영·조병옥·정일형·김활란·모윤숙 등 9명으로 구성된 특별사절단을 제3차 유엔 총회가 열리는 파리로 파견했다.

당시 장면 수석대표의 여권은 대한민국 외교관 여권 제1호였다. 아직 여권이 제정되지 않아 대한제국 시대 여권 모형에다 한문과 영문으로 외무부 장관 장택상 명의로 발행했다. 당시는 바티칸만이 대한민국을 국가로 승인했을 뿐 미국조차도 승인을 미루고 있었다. 한국 대표단은 유엔의 승인을 얻기 위해 58개국 대표들을 접촉하여 대한민국 탄생의 당위성을 설명했다.[100] 그러나 유엔 회원국이 아니었던 한국 대표단은 옵저버 자격으로 일반 방청석에서 회의를 참관할 수밖에 없었고 교섭 상대국 대표들을 공적으로 만나 외교활동을 전개할 수는 없었다.[101]

개신교 신자인 이승만이 가톨릭 신자였던 장면을 수

---

100 이주천, "건국초기 미국의 대한정책과 이승만의 대응책(1948~1950)," 「서양사학연구」 19, 2008, p. 93.
101 허동현, "대한민국의 건국외교와 유엔," 「숭실사학」 제30집(2013년 6월), 숭실사학회, pp. 263-265.

석대표로 임명한 것은 장면의 미국 유학 시절 스승이었던 패트릭 번 주교가 초대 주한 교황사절로 부임하자 교황청 외교망을 승인외교에 적극 활용하기 위한 것이었다.

당시 교황 비오 12세는 제2차 세계대전 기간에 전개된 막후 외교에서 중재자 역할을 수행함으로써 국제 외교무대에서 강력한 영향력을 행사하고 있었다. 비오 12세는 1947년 장면과 깊은 관계를 맺고 있던 미국 메리놀 외방 전교회의 패트릭 번 주교를 특사로 한국에 파견했다. 이는 국제 관례상 교황청이 한국을 주권국가로 승인한 것으로 이해되어 한국이 국제적 승인을 얻는 과정에서 큰 힘이 되었다. 교황은 바티칸의 국무장관 지오반니 바치스타 몬티니 대주교와 재불在佛 교황청 대표 론칼리 대주교에게 제3차 유엔 총회에 참석한 한국 대표단을 지원하라고 지시하는 등 외교적 지원을 아끼지 않았다.[102]

한국 특사단은 유엔 총회에 참석하는 55개국을 남미·중동·영英연방·동남아시아·소련 등 5개 지역으로 나누어 한국 승인에 대한 지지를 이끌어내기 위해 각국 지도

---

102 유태호, 운석 장면 선생 탄신 백주년 기념 학술회의 발표문(1999년 8월 27일), pp. 31-33.

자들을 접촉했다. 이 과정에서 소련이 이끄는 공산권의 한국 승인 반대 외교 공작이 파상적으로 진행되었다. 스탈린은 1948년 9월 17일 소련 유엔 대표단에 "유엔한국임시위원단 폐지, 한국 대표 초청 반대, 북한 대표 초청을 관철하라"라는 극비 지령문을 보냈다. 그리고 유엔 총회에서 대한민국 정부 승인을 막고 북한 정권이 승인받도록 총력을 기울이라고 지시했다.

한국의 유엔승인외교 과정에서 또 하나의 우군은 미국이었다. 당시 미국 대표 단장이었던 존 포스터 덜레스 국무장관은 주한 특사 무초를 파리로 불러 한국 승인외교를 지원하라고 명했다.[103] 장면은 후일 덜레스에 대해 "대한민국의 건국과 국제적 승인을 위해 누구보다도 열렬한 동정과 노력을 아끼지 않아 찬연한 공훈을 세움으로써 우리가 잊으려야 잊을 수 없는 거룩한 은인"이라고 표현했을 정도다.

1948년 8월 12일 미국은 한국 정부의 순조로운 출발과 유엔 승인을 돕기 위해 한국 정부를 '사실상 승인 de

---

103 홍순호, "장면 외교의 명암," 「경기사학」 5, 경기사학회, 2001, p. 155.

facto recognition'하고 대사급 한국 주재 특별 대표로 무초를 임명하기로 결정했다. 중국 정부도 같은 날 한국 정부를 사실상 승인하고 대사급의 특별 대표를 파견한다고 발표했다. 장제스蔣介石가 이끄는 중국국민당 정부는 미국과 함께 신생 대한민국의 외교적 승인 과정에서 커다란 역할을 했다.[104]

이와 달리 영국·호주·캐나다·인도 등 영연방 국가들은 유엔 총회의 결정이 있기 전에는 한국 정부를 승인할 수 없다는 입장을 표명했다. 자유 진영 내 입장 차이로 인해 잘못하면 유엔 총회에서 한국 승인 결의안이 통과되지 못할 수도 있는 상황이었다.

한국 특사단과 미국 정부가 외교적 노력을 기울인 결과 영연방 국가들은 한국의 특수한 상황을 고려해 미국과 중국의 조치에 반대하지 않기로 입장을 바꿨다. 영연방의 입장을 대변하던 캐나다는 자국을 방문한 한국 특사단에게 한국 정부 승인에 대한 긍정적 입장을 표명했다.

이처럼 힘든 유엔승인외교를 벌이는 와중에도 건국

---

[104] 김영호, '다시 보는 1948년 대한민국 출범(12)-승인 외교를 펼치다,' 「조선일보」, 2018.9.13.

유엔 총회의 대한민국 승인 직후 한국 정부가 제작한 홍보 포스터. '당당한 대한민국'은 당시 공보처의 공식 구호였다. 운석장면기념사업회 소장·제공.

반대 세력들은 8월 1일, 김규식을 수석대표로 하여 파리 유엔 총회에 파견할 대표단을 선정했다. 분단정권을 승인하지 말고 상해 임시정부를 승인해달라고 호소하기 위해서였다. 이미 서영해는 선발대로 파리에 가 있었다. 이 와중에 김규식이 수석대표직 수락을 거부하는 바람에 대표단 파견은 무산됐다.

10월 13일에는 40여 명의 국회의원들이 외군 철퇴 안을 내놓았고, 11월 3일에는 김구가 미·소 양군 철퇴 후 통일정부를 수립하겠다는 요지의 담화를 발표했으며 이를 유엔사무총장에게 전달했다.[105] 이는 대한민국 승인 외교에 재를 뿌리는 것이나 마찬가지인 행위였다.

우여곡절 끝에 유엔 총회에서는 1948년 12월 12일 찬성 48표, 반대 6표, 기권 1표로 한국 정부를 '자유선거에 의해서 수립된 한반도에서 유일한 합법정부'로 인정하는 결의안이 통과됐다. 대한민국 승인안건은 소련을 비롯한 공산권의 지연 작전으로 상정마저 불투명하다가 회기 마지막에 겨우 한국 대표 초청 동의안이 가결되어

---

[105] 이주천, 2008, p. 94.

장면 수석대표의 연설로 압도적인 표차의 승인을 획득한 것이다. 이로써 유엔은 대한민국의 법적 지위를 공식적으로 승인하고, 정통성과 국제적 지지를 부여했다.[106]

그 직후인 1949년 1월 1일 미국이 대한민국을 가장 먼저 승인했고, 중국은 1월 4일 승인했다. 뒤이어 영국(1월 18일), 캐나다(4월 9일), 호주(8월 15일) 등 영연방 국가도 한국을 승인했다. 그리고 프랑스(2월 15일), 필리핀(3월 3일), 교황청(4월 13일) 등 모두 26개국이 그해 말까지 대한민국을 승인했다.

대한민국에 대한 유엔의 승인은 1950년 6·25 남침이 시작되자 북한을 침략자로 규정하고 집단안보 collective security를 발동하여 유엔이 한국을 지원하는 근거가 되었다. 한국은 유엔의 도움으로 한반도의 평화를 회복하고 한국의 주권 보전과 번영을 이룰 수 있었다. 이런 이유 때문에 한국은 '유엔의 자손'이라는 평을 듣는다.[107]

---

106 김영호, 「조선일보」, 2018.9.13.
107 박홍순, "대한민국 건국과 유엔의 역할," 이인호·김영호·강규형 편, 『대한민국 건국의 재인식』, 기파랑, 2009, p. 93.

24
유엔의 대한민국 승인, 그 의미와 논란

한국인들은 1945년 8월 15일 일본의 식민통치를 벗어났지만, 이후 미 군정과 소련군정이 3년 동안 시행되었다. 그러다가 1948년 8월 15일 대한민국이 공식적으로 수립된 이후 대한민국은 유엔으로부터 '한반도 유일의 합법정부'로 승인을 받았고, 세계 각국과 수교를 맺어 오늘에 이르고 있다.[108]

대한민국 정부는 장면張勉을 단장으로 하는 유엔 총회 한국 대표단 9명을 파견하여 승인외교를 활발히 펼쳤다. 그 결과 대한민국은 1948년 12월 12일 파리 샤이요궁Palais de Chaillot에서 열린 제3차 유엔 총회에서 공산권을

195 (III). The problem of the independence of Korea

The General Assembly,

Having regard to its resolution 112 (II) of 14 November 1947 concerning the problem of the independence of Korea,

Having considered the report[1] of the United Nations Temporary Commission on Korea (hereinafter referred to as the «Temporary Commission»), and the report[2] of the Interim Committee of the General Assembly regarding its consultation with the Temporary Commission,

Mindful of the fact that, due to difficulties referred to in the report of the Temporary Commission, the objectives set forth in the resolution of 14 November 1947 have not been fully accomplished, and in particular that unification of Korea has not yet been achieved,

1. *Approves* the conclusions of the reports of the Temporary Commission;

2. *Declares* that there has been established a lawful government (the Government of te Republic of Korea) having effective controland jurisdiction over that part of Korea where the Temporary Commission was able to observe and consult and in which the great majority of the people of all Korea reside; that this Government is based on elections which were a valid expression of the free will of the electorate of that part of Korea and which were observed by the Temporary Commission; and that this is the only such Government in Korea;

---

[1] See *Official Records of the third session of the General Assembly*, Supplement No. 9.
[2] *Ibid.*, Supplement No. 10, pages 18 to 21.

195 (III). Question de l'indépendance de la Corée

L'Assemblée générale,

Considérant sa résolution 112 (II) du 14 novembre 1947 relative à la question de l'indépendance de la Corée,

Ayant examiné le rapport[1] de la Commission temporaire des Nations Unies pour la Corée (ci-après dénommée «Commission temporaire»), et le rapport[2] de la Commission intérimaire de l'Assemblée générale relatif à la consultation demandée par la Commission temporaire,

Consciente du fait qu'en raison des difficultés mentionnées dans le rapport de la Commission temporaire, les objectifs énoncés dans la résolution du 14 novembre 1947 n'ont pas encore été complètement atteints, et, notamment, du fait que l'unification de la Corée n'a pas encore été réalisée,

1. *Approuve* les conclusions des rapports de la Commission temporaire;

2. *Déclare* qu'il a été établi un gouvernement légitime (le Gouvernement de la République de Corée) qui exerce effectivement son autorité et sa juridiction sur la partie de la Corée où la Commission temporaire a été en mesure de procéder à des observations et à des consultations et dans laquelle réside la grande majorité de la population de l'ensemble de la Corée; que ce Gouvernement est né d'élections qui ont été l'expression valable de la libre volonté du corps électoral de cette partie de la Corée et qui ont été observées par la Commission temporaire; et que ledit Gouvernement est le seul qui, en Corée, possède cette qualité;

---

[1] Voir les *Documents officiels de la troisième session de l'Assemblée générale*, supplément n° 9.
[2] *Ibid.*, supplément n° 10, pages 18 à 21.

포함한 회원국 58개국 중 48개국의 압도적 찬성을 얻어 한반도의 유일한 합법정부임을 승인받았다(찬성 48, 반대 6, 기권 1, 결석 3). 대한민국은 정통성과 국제사회의 인정을 받았다는 점에서 북한 체제와 차별화됐다. 유엔 결의문 제195호는 대한민국의 관할권을 유엔 감시 하의 자유선거가 이루어진 38선 이남임을 명시하고 있다. 그런데 이 결의문은 아울러 한반도에 이미 존재하던 '두 체제' 중에 대한민국만이 유일한 합법정부라는 점도 상당히 선명하게 적시하고 있다 "...and that this is the only such Government in Korea.". 북한은 유엔 감시도 거부하고 자유선거가 아닌 황당하기 그지없는 흑백투표를 자행하면서 이러한 절차를 거치지 못했다.

현재 국사학계 등이 주도하고 있는 대한민국 한반도 유일 합법정부 부정론은 리영희 전 한양대 교수의 악의

---

108 유엔의 대한민국 승인에 대해서는 허동현, "대한민국의 건국외교와 유엔," 「숭실사학」 제30집(2013년 6월), 숭실사학회, pp. 253-280; 허동현, "대한민국 승인을 위한 수석대표 장면의 활동" 「한국민족운동사연구」 제61집, 2009, pp. 337-375; 정경희·강규형, "2013검정 고등학교 한국사 교과서의 서술 분석: 교육부의 수정 과정을 중심으로," 「사회과교육」 54:1, 2015, pp. 121-123 참고.

적이고 의도적인 오역誤譯을 맹종한 결과이다.[109] 리 씨는 "그리고 이 정부가 한반도의 그 지역에서의 그와 같은 유일한 정부임을 선언한다"로 오역하면서 원문인 "한반도에서in Korea"를 "한반도의 그 지역에서over that part of Korea"로 교묘히 바꾼 것이다.

대한민국 정부와 제헌의회는 1948년 8월 15일을 독립기념일로 명명했고, 1949년 8월 15일 대한민국 정부는 '독립 1주년 기념식'을 거행했다. 이승만 대통령은 중앙청 광장에서 거행된 이 기념식에서 "오늘은 민국 건설 제1회 기념일"이라고 선언했다. 그런데 1949년 6월 '국경일 제정에 관한 법률안'이 국회에 회부됐고, 4대 국경일인 3·1절, 헌법공포기념일, 독립기념일, 개천절 중에

---

[109] 서옥식 전 연합뉴스 편집국장은 『오역의 제국』(도리, 2013)이란 저서에서 학술 오역의 대표 케이스로 리영희의 유엔 결의문 오역을 제시했다. 그런데도 국사학계와 친북 좌파 세력들은 이 오역을 '성경 말씀'처럼 맹종했다. 리영희는 「한국논단」 1991년 6월호에서 '이 정부가 Korea의 그 지역에서의 그와 같은 유일한 정부임을 선언한다'로 원문에 없는 '그 지역(유엔 감시 하에서 자유선거인 5·10 선거가 일어난 지역, 즉 38선 이남-필자 주)'을 넣어 번역해서 대한민국이 마치 38선 이남에서만 유일 합법정부인 것처럼 주장했고, 이 의도적 오역은 지금까지도 널리 통용되고 있다.

헌법공포기념일을 '제헌절'로 바꾸고 독립기념일을 '광복절'로 바꾸는 수정안이 그해 9월에 통과되면서 독립기념일이 광복절로 바뀌었다. 4대 국경일을 절節로 통일하자는 취지였다. 따라서 1950년 8월 15일에는 제2회 광복절 기념식을 거행했고, 1951년 8월 15일에는 제3회 광복절 기념식이 거행됐다.[110] 지금과는 달리 당시 대한민국 정부와 제헌의회는 1948년 8월 15일을 독립 또는 광복으로 본 것이다.

한국 역사상 처음으로 국민, 영토, 주권이 확보된 상태에서 민주공화제를 바탕으로 정부가 출범하여 유엔을 비롯한 국제사회로부터 승인을 받게 된 대한민국 정부는 국제적 승인을 받은 한반도 내의 유일한 합법정부였다. 달리 표현하면 현재에도 유효한 국제법과 국제정치 체제인 베스트팔렌 체제하에서 국가주권을 가진 진정한 독립국가가 됐던 것이다. 1919년은 미래의 민주국가 대

---

[110] 전쟁 중이었던 1951년부터 언론에서 시작된 광복절 의미의 혼란은 결국 광복절의 정의가 1945년 8월 15일을 기념하는 것으로 바뀌는 것에 이른다. 광복절의 제정과 용어의 혼란에 대해서는 이영훈, 『대한민국 역사: 나라만들기 발자취 1945~1987』, 기파랑, 2013. pp. 179-182에 상세하게 분석되어 있다.

1948년 유엔 투표 체크 리스트. 유엔 총회 미국 대표 존 포스터 덜레스가 장면 대표에게 준 선물. 운석장면기념사업회 소장·제공.

한민국이 잉태된 시점, 1948년 8월 15일은 탄생 시점, 그리고 국제적 승인을 얻은 1948년 12월 12일은 출생 등록일로 해석할 수 있을 것이다.

위성에서 바라본 오늘의 한반도. 남쪽은 '빛의 번영'을 누리고 있고, 북쪽은 '칠흑 같은 암흑'의 세계이다.

25 사라진 북한 땅

20세기는 윌슨주의와 레닌주의의 경쟁 역사였다. 우드로 윌슨이 주창한 자유민주주의와 정치적 자결自決주의, 그리고 레닌이 주창한 전체주의적 공산주의라는 두 거대 사상의 대결이 20세기를 장식했고, 그 귀결은 윌슨적 가치의 승리였다. 한반도의 경우 대한민국의 자유민주주의 방식과 북한의 공산주의와 주체사상의 경쟁이었다.

이제 어느 선택이 바람직했는지는 이미 결론이 나 있다. 위성에서 바라본 한반도의 사진은 백 마디 웅변보다 더 명확히 이 결론을 얘기해 주고 있다. 남쪽은 '빛의 번영'을 누리고 있는 데 반해 북쪽은 칠흑 같은 '암흑의 지옥'을 적나라하게 보여준다.

결국 대한민국 건국은 자유로운 '민주공화국'의 탄생이라는 측면에서 바라봐야 한다. 구한말과 일제 시대 선각자들의 노력 속에서 대한민국의 씨앗은 뿌려졌고, 비록 자력에 의한 해방은 아니었으나, 해방 이후 민주공화국을 세울 기틀이 마련됐다.

대한민국 현대사는 해방 이후 미국과 UN의 도움으로 대한민국 정부가 수립되고, 이와 함께 확립된 헌법의 기초 위에 자유민주주의가 점차 확립되어가는 발전적인 역사이다. 해방과 대한민국 수립, 그리고 헌법이 자유민주주의와 입헌주의(법치주의), 그리고 공화주의와 시장경제를 기반으로 건강한 시민사회와 근대 국민국가를 이루기 위한 제도적 토대를 마련했다는 문명사적 의의를 되새겨야 한다.

대한민국의 탄생은 38도선 이남에만 국한됐기에 아쉬운 점이 있으나 당시 상황에서는 불가피한 차선의 선택이었다. 그리고 어찌 보면 이남 지역에서라도 인권과 자유가 보장되는 자유민주주의의 꽃을 피워 누릴 수 있는 것은 기적이었다. 한반도가 공산전체주의 통일이 아닌 자유통일되는 날 이런 대한민국의 의미는 완결성을 띠게 될 것이다.

| 저자소개 |

강규형

연세대 사학과를 졸업하고 미국 인디애나대학에서 역사학 석사를, 오하이오대학에서 역사학 박사 학위를 받았다. 현재는 명지대에서 교수로 학생들을 가르치는 데 매진하고 있다.

연세대 통일연구원 연구교수와 대한민국 역사박물관 운영자문위원을 역임했다. 국사학계가 가진 치명적인 결점인 우물 안 개구리 식의 일국사—國史적 관점이 아닌 세계사적 조망으로 본 한국현대사, 또는 종족주의적 역사관을 탈피하는 국제관계사로서의 한국현대사의 진실을 밝히려고 노력하고 있다.

저서로는 『6.25전쟁의 재인식』(공저) 등 다수가 있으며 역서로는 『냉전의 역사』 등 다수가 있다.

김용삼

대전고를 나와 중앙대 문예창작과를 졸업하고 경남대 북한대학원을 수학한 저자는 조선일보에서 기자생활을 거쳐 월간조선 편집장을 역임하였다.
현재는 펜앤드마이크 대기자, 이승만학당 교사로 활동하고 있다.
저서로는 『이승만의 네이션빌딩』, 『이승만과 기업가시대』, 『김일성 신화의 진실』, 『박정희혁명1, 2권』, 『대한민국 건국의 기획자들』 등이 있다.

- 황장엽 망명사건 특종보도로 대한민국 언론대상(1997)
- 해양사상 고취 공로로 장보고대상(2008)

남정욱

1966년 서울 생. 방송, 영화, 출판 등 문화 관련 업종에서 25년간 일했다. 신문과 잡지에 그 시간만큼 글을 썼고 숭실대 문예창작학과에서 학생들을 가르쳤다. 현재는 대한민국 문화 예술인 대표로 있으며 지은 책으로는 『편견에 도전하는 한국 현대사』, 『꾼빠이 386』 등이 있다.

정경희

서울대학교 역사교육과를 졸업하고 같은 대학교 서양사학과에서 석사와 박사학위를 받았다. 현재는 영산대학교에서 교수로 재직 중이다. 미국의 역사교육과 한국의 역사교육을 비교하는 연구를 하던 중 우리나라 역사교육의 문제점을 절감하게 되었으며, 이후 한국사 교과서의 편향성 문제를 집중적으로 연구하고 있다. 또한 한국현대사를 바로 알리기 위한 노력도 기울이고 있다.

저서로는 『한국사 교과서 무엇이 문제인가』가 있으며 〈역사교육을 둘러싼 한국과 미국의 이념논쟁 비교〉, 〈2013검정 고등학교 한국사 교과서의 서술 분석〉(공저) 등의 논문을 썼다.

• 주요 경력

(전) 미국 University of California at Berkeley 역사학과 객원학자

(전) 국사편찬위원(제18대)

대한민국 건국 이야기
1948

초판 1쇄 발행　2019년 8월 15일
초판 3쇄 인쇄　2025년 2월 20일

지은이　강규형·김용삼·남정욱·정경희
펴낸이　안병훈
펴낸곳　도서출판 기파랑
등　록　2004. 12. 27 제300-2004-204호
주　소　서울시 종로구 대학로8가길 56 동숭빌딩 301호　우편번호 03086
전　화　02-763-8996(편집부) 02-3288-0077(영업마케팅부)
팩　스　02-763-8936
이메일　info@guiparang.com
홈페이지　www.guiparang.com
ⓒ 강규형·김용삼·남정욱·정경희, 2019

ISBN 978-89-6523-621-4　03910